OTA-KATSU Ichinensei

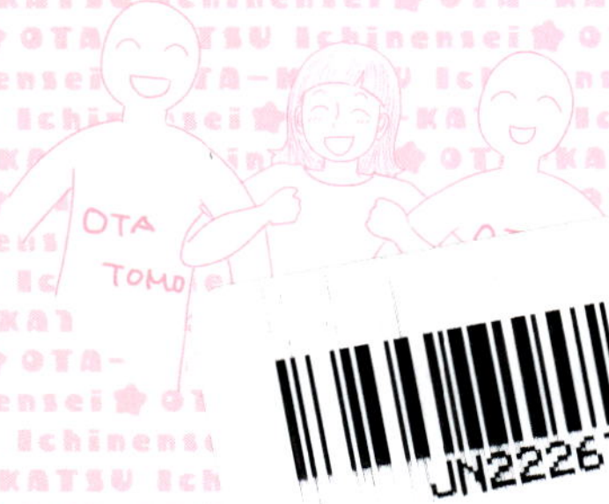

# オタ活1年生

ゆるりまい

OTA-KATSU Ichinensei
Yururi Mai

幻冬舎

# はじめに

初めましての方も、お久しぶりな方も、こんにちは。ゆるりまいです。

普段は「無駄なものはなんにもない家」を目指し、持たない暮らしの実現に向けて日々邁進している様子を漫画で綴ることが多い私ですが、今回は全く毛色の違った内容です。

20代最後のタイミングでアニメオタクになり、持ち前の〈ハマると突き進む性格〉でどんどん深みにハマっていきました。

30代は初めてのことだらけ。

大人になってからオタクになったので、全てが手探りで、新鮮で。こんな世界があるのかと楽しくて仕方がありませんでした。

そんな私の経験は、ものすごく特異でなかなか共感は得られないかもしれないけど、世界の片隅にはこんなオタクもいるんだなと思って読んでもらえたら嬉しいです。

何卒よろしくお願い致します（土下座）。

**教訓〈人生、一寸先は沼〉**

ゆるりまい

# もくじ

今、昔を振り返ってみると
何が楽しくて毎日を過ごしていたのか
不思議で仕方なくなる時がある
オタ活1年生
〈第1話〉妊娠中に突然発酵!? ゆるり、腐女子になる
数年前のこと
ちょっとまいちゃん！しっかりしてよ！
ビクッ
ビクッ
帰ってきたウルトラマンと
ウルトラマンは別物だよ！
はい？
私の夫はオタクである

ウルトラマンが帰ってきたから〝帰ってきたウルトラマン〟なんでしょう？
っだーーー！
イラ イラ イラ イラ
ただいま！
違うって！見たら分かるでしょ
スーツが全然違う！
大丈夫！まいちゃんなら分かる！
落ち着いて見比べよう！さあ！！
ウルトラマンの見分け方
特撮と歴史が大好きオタク
私の友人の8割もオタクである
で、そこで神谷さんがさー
声優トーク中
神谷さんって神谷明さん？
あー違うよ それはレジェンドね
今話してるのはCの方
……C？ビタミン？
答 神谷浩史氏
〝ヒロC〟らしい

私の周りには
各種オタクがいる
ジャニオタ
腐女子
サブカルオタク
アイドルオタク
リカファン
ジャンプオタク
スケオタ
2.5次元オタク
声優オタク
文具オタク
乗り鉄
けれど私自身は
特に何らかのオタクに
属したことはなかった
子どもの頃から
将来の夢は漫画家！
というくらいには
漫画が好きだったけれど
さほどコアな道に
進むわけでもなく
りぼん
愛読誌は皆大好き
少女漫画雑誌『りぼん』
だった
学生時代には
サブカル路線にいったけど
特別、何かを極めることは
なかった
ガロ
そんな当時の私には
コンプレックスがあった
それは……

家が汚部屋だったこと！
ごちゃ
ごちゃ
しかし
思春期に片付けに目覚めるも
これ捨てなよ
あんたは余計なことばかりして！
物が捨てられない家族とバトルの日々
2011
東日本大震災
家に……
住めなくなっちゃった……
家族みんなで心を入れ替え
安全安心な家を！
災害に強い家を！

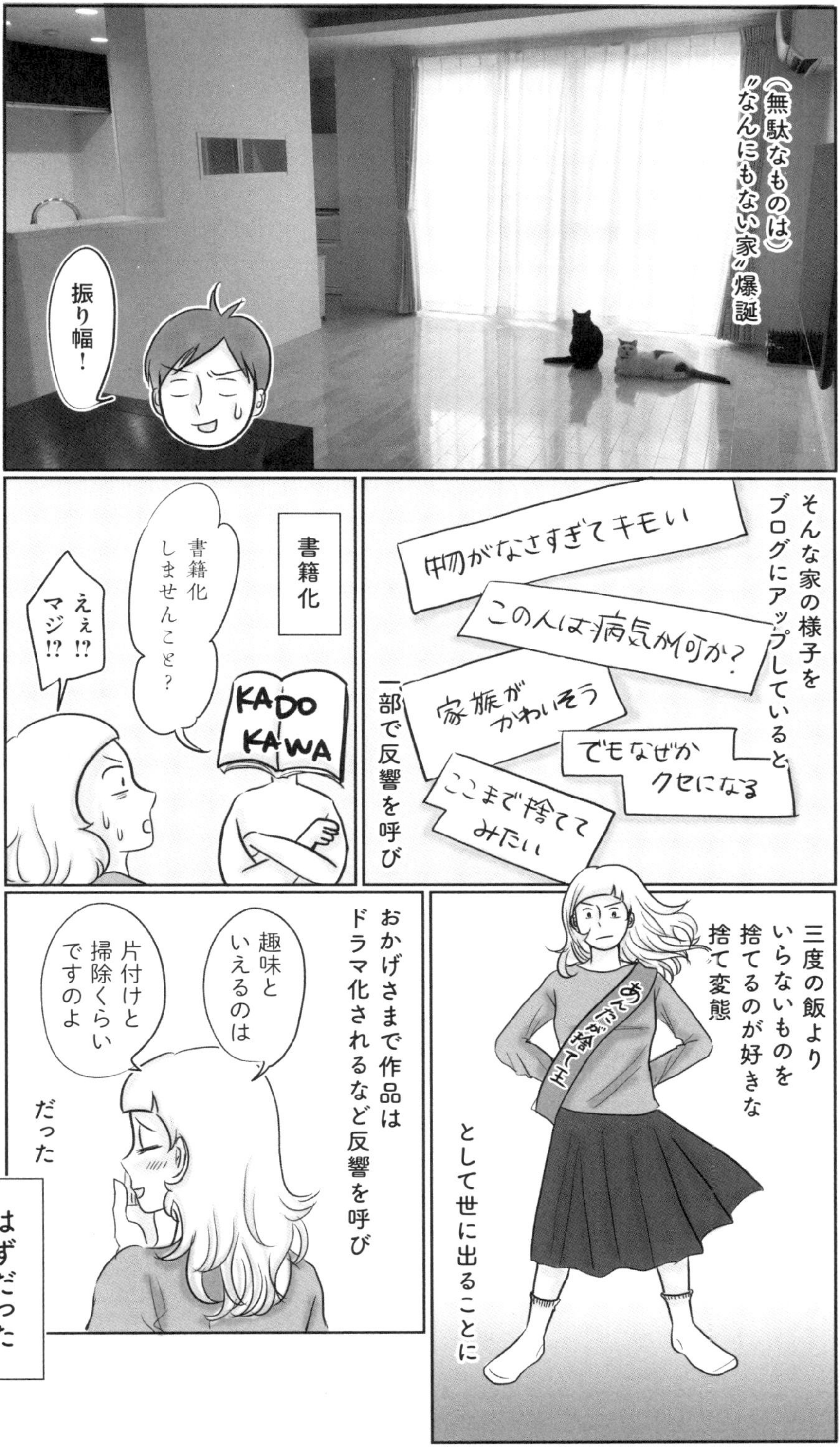
（無駄なものは）
〝なんにもない家〟爆誕
振り幅！
そんな家の様子をブログにアップしていると
物がなさすぎてキモい
この人は病気か何か？
家族がかわいそう
でもなぜかクセになる
ここまで捨ててみたい
一部で反響を呼び
書籍化
書籍化しませんこと？
KADO KAWA
ええ!? マジ!?
三度の飯よりいらないものを捨てるのが好きな捨て変態
あんたが捨て王
として世に出ることに
おかげさまで作品はドラマ化されるなど反響を呼び
趣味といえるのは
片付けと掃除くらいですのよ
だった
はずだった

確かにそうだった
妊娠するまでは！
そう……
あれは
ペラ
2022
2021
2020
2019
ペラ
ペラ
ペラ
妊娠初期のことだった…
2014年
ねぇねぇまいちゃん！
これ仙台※が舞台なんだって〜
※私は仙台在住です
へぇ〜
……
私が興味を持つか試しているな…
仕方ない…少し見てみるか
そわ
そわ
ん……
じっ…

このキャラかっこいいね
おぉ～！
この原作の漫画面白いんだよ～
まんまと夫の策に嵌《は》まりその漫画にハマった
読みたい電子書籍を探し中
と、そこまでは今までもあることではあったのだが…
ふふふ～ん
ん？
この漫画のキャラデザ…
あのアニメのキャラに似ててかっこいいな
読んでみよう
購入する
ぽちっ
とある電子書籍が目に留まった
しばらく読んでいると
……あ、あれ？

これって…
……BLじゃない？
途中まで読んで
ようやく
気がつく鈍臭さ
iPad
BLかー…
前に友達から
勧められて
読んだことは
あったけど
スーツ男子が
なんちゃらする
話だった
ような？？
ピンと
こなかったん
だよな…
……でも何事も
経験だし
このまま読んで
みるか
30分後
どうしよう…

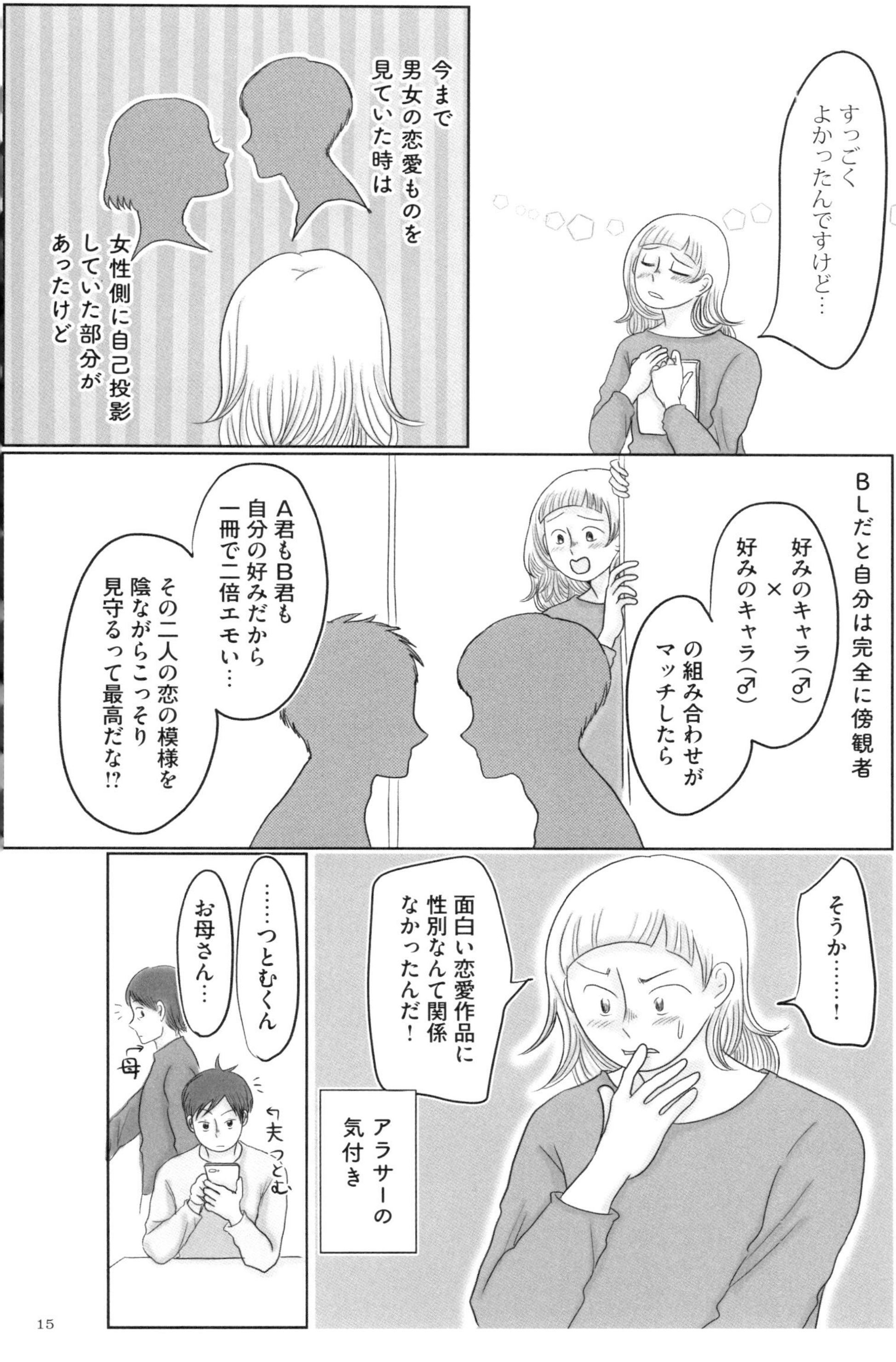
すっごく
よかったんですけど…
今まで
男女の恋愛ものを
見ていた時は
女性側に自己投影
していた部分が
あったけど
BLだと自分は完全に傍観者
好みのキャラ(♂)
×
好みのキャラ(♂)
の組み合わせが
マッチしたら
A君もB君も
自分の好みだから
一冊で二倍エモい…
その二人の恋の模様を
陰ながらこっそり
見守るって最高だな⁉
そうか……!
面白い恋愛作品に
性別なんて関係
なかったんだ!
アラサーの
気付き
……つとむくん
お母さん…
夫つとむ
母

どうしよう私
腐っちゃった
え、なに急に
どうした!?
腐るって
なに!?
どこが
腐ったの!?
頭!?
とりあえず家族に
報告する28歳
まいは
28歳にして突然…
ボーイズラブの楽しさを
知ってしまいました
いや突然
なんちゅー
告白すんねん
何を言い出すか
と思えば…
だって黙って
いられなくて…
うん、黙っていて
いいんだよ
でも高校時代
文芸部の中で
そういう子いたわ
いつの時代も
いるんだね!
そんなこんなで
新世界
新たな世界の扉を
開いた私は
途端に夢中になった

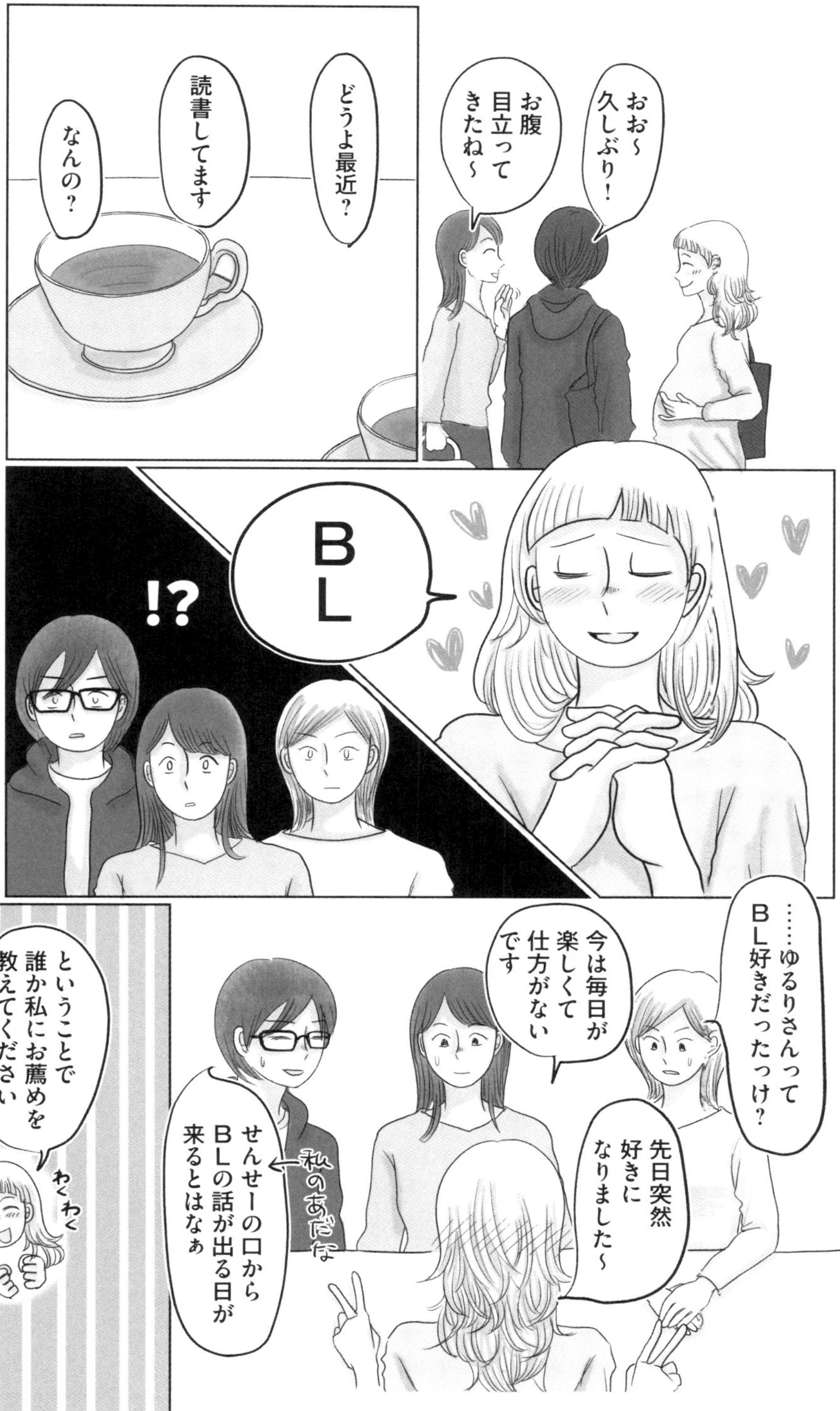
おお～久しぶり！
お腹目立ってきたね～
どうよ最近？
読書してます
なんの？
BL
!?
……ゆるりさんってBL好きだったっけ？
今は毎日が楽しくて仕方がないです
先日突然好きになりました～
せんせーの口からBLの話が出る日が来るとはなぁ
私のあだな
ということで誰か私にお薦めを教えてください
わくわく
わくわく

私、腐女子じゃないから分からない～
私は腐女子だけど二次創作派で商業BLは読まないから分からない～
いいでしょうここは私が
し、師匠！弟子にしてくださ
あ、間に合ってます
どういう系が好きなの？
何が何でもハッピーエンドになる話がいいです
なるほど、〝光の腐女子〟
光の腐女子って？
二人が幸せになる筋書きしか口にできない腐女子のことですよ
×××は読んだ？
読みました!!
じゃあ△△△は？
既読です!!
死ネタや闇堕ちなどいわゆるバッドエンドがお好きな人は〝闇の腐女子〟
光だの闇だのオタクはすぐカテゴライズしたがるな……

ゆるりさん
結構読んでるー
BL本サイトで検索しまくって出てきたのを片っ端から読んでるんで！
パチパチ
パチパチ
電子書籍代が月5万を超えた時もあります！
これだから大人ってやつは……
ていうか そんなに読んでるならうちの店で買ってよ！
いやぁ そうしたいのは山々なんですけど…
私の学生時代のバイト先の書店員の皆さま
ちょっと顔見知りがいるレジでは買いにくいっていうか……
つん
つん
つん
うんまぁ でしょうね
そこから私は
じゃあ おすすめはね～
よ！
BLソムリエ！
ごめん 帰っていい？
ハマったらとことん
という持ち前の探究心で

めっちゃ読んだ
くらっ
電子書籍代は月8万を超えた
御請求額 81,450円
しかしとどまることを知らないこの女は
短期間で一気に商業BLを読み漁った
おそらく人生の中で一番本を読んだ時期かもしれない
容量パンパン
時に泣き
うううう……
なんてスレ違い……
アヒャアヒャアヒャアヒャ
時に笑い
時に怒り
なんて奴だ!!
許せん!!
ハァハァハァハァ
なんてこったい
時に興奮し……

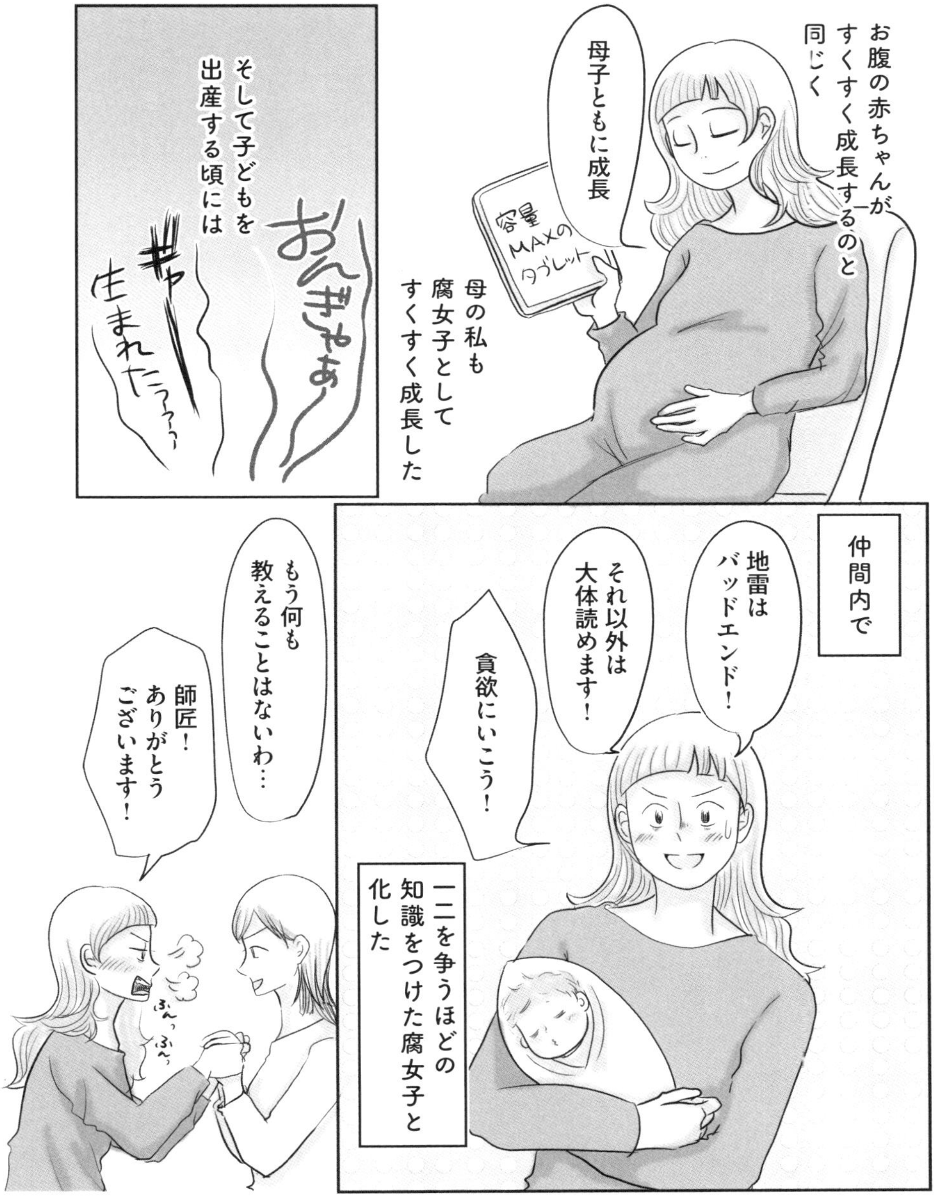
お腹の赤ちゃんが
すくすく成長するのと
同じく
母子ともに成長
容量MAXのタブレット
母の私も
腐女子として
すくすく成長した
そして子どもを
出産する頃には
おんぎゃあ
ギャー
生まれたァーァーァー
仲間内で
地雷は
バッドエンド！
それ以外は
大体読めます！
貪欲にいこう！
一二を争うほどの
知識をつけた腐女子と
化した
もう何も
教えることはないわ…
師匠！
ありがとう
ございます！
ふんっ
ふんっ

……大人になって
こじらせるとやばいって
いうけど、本当だな～
人が沼に
落ちる姿って
面白いですよね
つとむ…
お前
やらかしたな…
ぽん
…おかしいな…
こんなはずじゃ…
しかしこれは
ただの序章に過ぎなかった
そして
この時から
私のオタ活人生の
火蓋が
乞うご期待！
切られる
のである
聖地巡礼
イベント参戦
野球沼
推しと私の真ん中BD
オタ友づくり
CP面接
OTAKU

私は
趣味は片付けと掃除
特技は不要なものを躊躇なく捨てること
そんな暮らしを本に描いて東北の片隅で細々と生きていた漫画家だった
が、
商業BLとの衝撃的な出会いから
人生が変わった
オタ活1年生
〈第2話〉この目に映るもの全てがキラキラ、アラサー女の初めて物語
それまではあまりアニメは見ない方だったけど
だんだん見るようになった
しかし私は最先端を歩く人間ではないため
人よりだいぶ遅れてコンテンツにハマるタイプ
持たない暮らしくらいだな…ブームになる前からやっていたのは

何かにハマっても
あー！前好きだったそれ！
と言われること多数
某水泳アニメにハマった時は
私そのジャンル通ったよ〜てか今も好き
岩下さん！先輩だ！いろいろ教えて！
いろいろ……
待って、少し前だから
ちょっと一期のアニメ放送時を思い出すわ
ことごとくアニメシリーズが一旦落ち着いたタイミングでハマるので周囲とのタイムラグがすごい
だから その後新シリーズでリアタイ※できた時はすごく嬉しかった！
※リアタイ：リアルタイムで番組を視聴すること
そんな中岩下さんの様子がおかしくなった
イワゴウさん@iwag●-san
ヤバい、エモすぎる
イワゴウさん@iwag●-san
もう無理、こんなん好きすぎて死ぬや
イワゴウさん@iwag●-san
え？これ来週私は耐えられるの？
彼女の身に一体何が…
ねぇねぇ最近どうしたの？

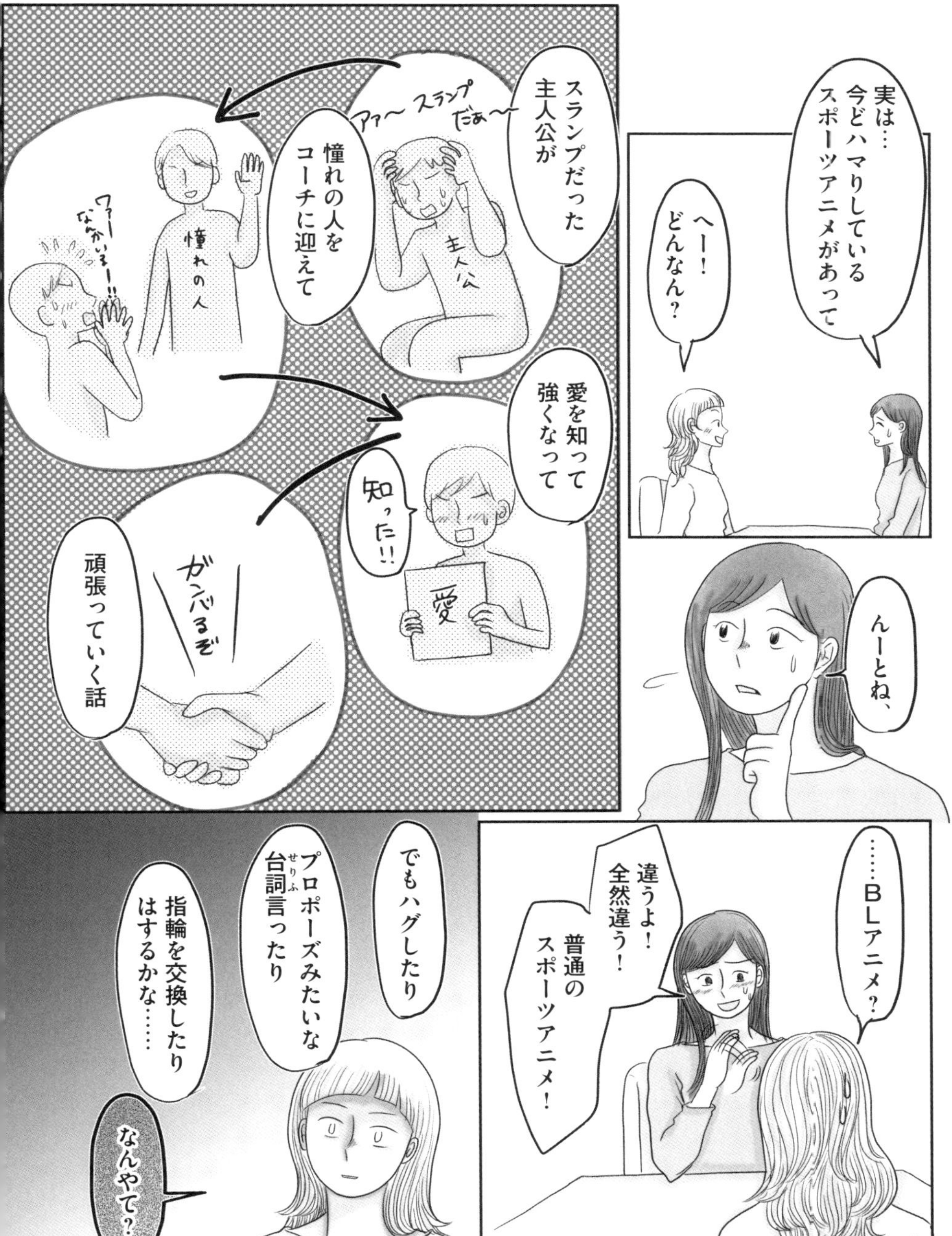
実は…
今どハマりしている
スポーツアニメがあって
へー！
どんなん？
んーとね、
スランプだった
主人公が
アァ〜スランプだぁ〜〜
主人公
憧れの人を
コーチに迎えて
憧れの人
ファー
なんかいるー!!
愛を知って
強くなって
知った!!
愛
ガンバるぞ
頑張っていく話
……BLアニメ？
違うよ！
全然違う！
普通の
スポーツアニメ！
でもハグしたり
プロポーズみたいな
台詞《せりふ》言ったり
指輪を交換したり
はするかな……
なんやて？

絶対それBLアニメでしょ〜!
違うったら!本当にただのスポーツアニメなんだってば!
あ、
キャラがせんせーの好みかもしれない
………
……全何話よ?
にやぁ
全12話かな〜今9話まで放送されてる
あ、せんせーの入ってる配信サイトでも見られるよ!
見るまでのハードルを下げて紹介してくる有能さ
まだ余裕で追いつける話数!
初リアタイできるかも!?
岩下さんからの巧みなプレゼンを受け
し、信じない!私信じないから!
そうやって脚色してるだけでしょ!
この目で証明してみせる!
きら
きら
きら
チョロいな
望むところよ!
帰宅後即行視聴
配信されている最新話まで一気見
岩下さんの言ってること…

※その時期に一番勢いのある
ジャンルのこと

そのアニメが好きな人たちが思い思いに描いたお話がいっぱいあるサイトを発見
こ、これがいわゆる
二次創作ってやつか!!
すごい~!! いろんな見方があって いろんな妄想があって
なるほど 世の中にはこういう 楽しみ方もあるんだ
夜な夜なタブレット片手に二次創作サイトを徘徊
※息をするように有料会員へ
……ん?
〝イベント〟に参加して〝新刊〟が出る?
なんぞ…?
煮て焼いて腐って
191,985文字
こんにちは!
今度のイベントに参加が決まりました。
新刊が出る予定なので、よろしくお願い
#まいゆる
あーそれ
同人誌だね
同人誌…
通称〝薄い本〟
イベントっていうのは同人誌即売会
じゃあの人たちの本が買えるってこと!?

めちゃくちゃ欲しい！
②"イベント""薄い本"の存在を知る
とはいえ、現地までは行けないので我々は通販で買おう
通販で買えるのか～便利な世の中だな～
そう呑気《のんき》に構えていたものの
覇権ジャンルということは、それ相応の支持者がいるということで
え……も、もう完売!?
パッ
SOLD OUT
神作家さんの作品にはたくさんのファンが通販サイトに押しかけ
欲しかった～！
手に入れられないと思うとますます欲しい～！
壮絶な通販戦争を目の当たりにしたり
描いてくれる人がたくさんいるので
作品も数多くあり
作品数えぐ……!!
その中から自分の好みの作家さんを見つけるのは大変
ジャケ買いしたらアタリだった～
当たりもあれば
もちろん逆もある
表紙の絵と中身の絵が結構違う!?
でも分かる…表紙って気合いが入るから中身と差が出る時あるよね 私もだよ…

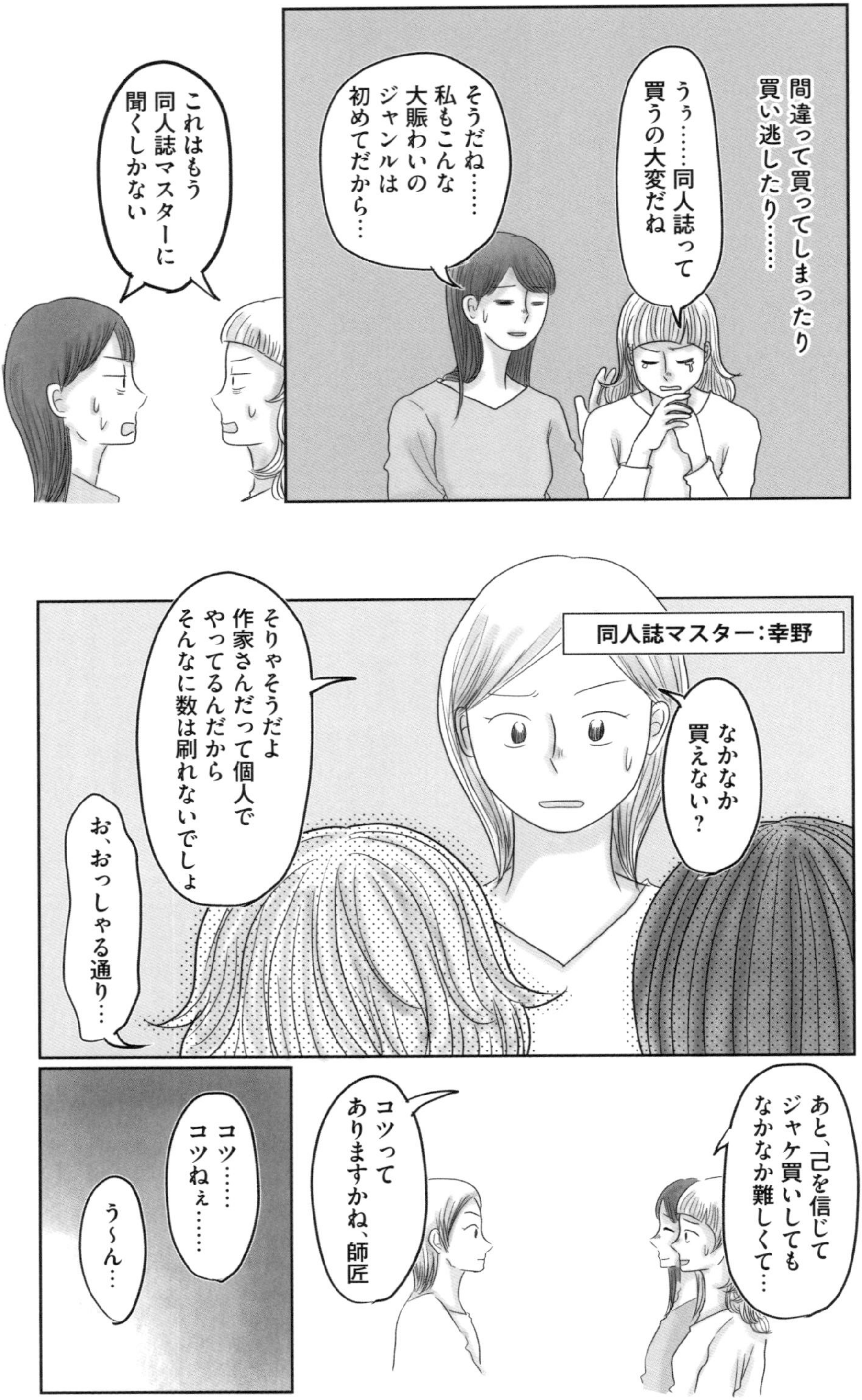
間違って買ってしまったり
買い逃したり……
うぅ……同人誌って買うの大変だね
そうだね……私もこんな大賑わいのジャンルは初めてだから…
これはもう同人誌マスターに聞くしかない
同人誌マスター：幸野
なかなか買えない？
そりゃそうだよ 作家さんだって個人でやってるんだから そんなに数は刷れないでしょ
お、おっしゃる通り…
あと、己を信じてジャケ買いしてもなかなか難しくて…
コツってありますかね、師匠
コツ……コツねぇ……
う～ん…

場数を踏め
あぁ〜師匠〜!!
弟子は取らないって言ったよね？
何事も経験がものを言うらしい
③コラボカフェを知る
せんせーコラボカフェ来るって
コラボカフェ？
そう〜
アニメとカフェがコラボしてアニメの世界観をメニューやら空間やらで楽しませてくれるアレ
Animation × Café
行く！
きゃ――――!!
何この素敵空間!!

キャラの等身大パネルがお出迎え！
メニューとかちょっとしたところに推しのイラスト！
名シーンがパネルとなって壁の至る所に！
あぁ！推しの美顔が眩しい！
店内のどこを見ても推したちがいる！
いやーオタク初心者ならではの新鮮な反応ですね～
あれ？東さんってこのアニメ見てましたっけ？
ううん見てない
でも面白そうだから来ちゃった
私も一緒です
メニューもそれぞれキャラを反映したものになっていて楽しい
キャラのイメージカラーの飲み物だったり
キャラの性格を表現した味だったり
キャラの好物だったり
しかし
必ずしも自分の食べたいものと
推しのキャラのフード・ドリンクが一致するとは限らないため

どちらを優先すべきか迷うことも多々ある
せっかく来たんだから推しのメニューを見てみたいけど
本当に食べたいのは別のキャラのなんだよな…
コラボカフェあるあるだね…
menu
いいよ、私せんせーの推しのご飯食べたいから写真撮れば？
いいの!?
そんな楽しい空間なので
私たちの仲間内では自分がハマってなくても友達に付き添ってコラボカフェに遊びに行くことがちょいちょいある
そして付き添いの友達ほど入場特典で私の推しを引くんだよね
無欲の勝利だね
無欲
④アニメグッズの多さを知る
アニメって
グッズがめちゃくちゃ出る！
せんせーリアタイ初めてだもんね
覇権ジャンルだと特にそうなのよね～

SNSを見てると 毎日毎日何かしら 発売情報が流れてくるよ
ひぇ〜…
すいすい
ズラ〜
まぁせんせーは 持たない暮らしを してるから グッズの悩みは なさそうだね
確かに!
この時の私は 他人《ひと》事《ごと》のように思っていた
うんまぁグッズは いらないかな〜
おほほほほ〜
数年後、グッズ沼に 足を踏み入れることに なるとも知らずに
⑤"アニメイベントin現地"の楽しさを知る
そんな中 岩下さんがアニメイベントの チケットを当てた
やったー!
当選
せんせー 一緒に行こう!
わーい!
これが記念すべき 人生初のアニメイベント

ゴー
遠足のように新幹線に乗って現地へ
これが…イベント会場!!
人めっちゃいる! 岩下さん! 人めっちゃいる!
今をときめく覇権ジャンルだからね…
この時の岩下さんのログセ
すごいな~普段SNSで見ている人たちも来てるみたい!
クルリ @kur●riri●haaan
会場着いたよ!
ぽけぽけ @p●k●maru
現地♡ 楽しみだよ~
ホテル近くに取ってて
うたぽん @uuuu●●_ca
着いた
こういうの見ると神作家さんたちって実在するんだ!って思うよね
分かる~いつも素敵な作品をありがとうございます!ってお礼したくなる
そしてイベントが開始
どうして始まる前ってトイレが近くなるんだろう…

巨大スクリーンに
名シーンがバンバン
映し出され
挿入歌が
大音量でかかり
キャラの
声優さんたちが登壇
ワァ
キャー
キャ
ワァー
ワァ
キャ
キャ
キャ
ぎゃー――
本物だぁぁぁ!!
同じアニメを
好きな人たちが集まって
そのアニメを
作り上げた神たちと
同じ場所で
同じ空気を吸い
同じ時間を過ごす
……まって
……と、と、と………

……尊い……
ぴょぴょぴょ
ダー
ぼー
感情が崩壊
世の中の全てに感謝…
この作品をこの世に生み出してくれた全ての人に感謝…
よろよろよろ
分かるよ…
感謝の心にまみれて人生初のイベント会場を後にした
ちなみにその日は晩ご飯を食べ損ねてホテルで軽いコンビニ飯だったけど
生のイベントすごかった…
興奮からか全くお腹がすかなかった

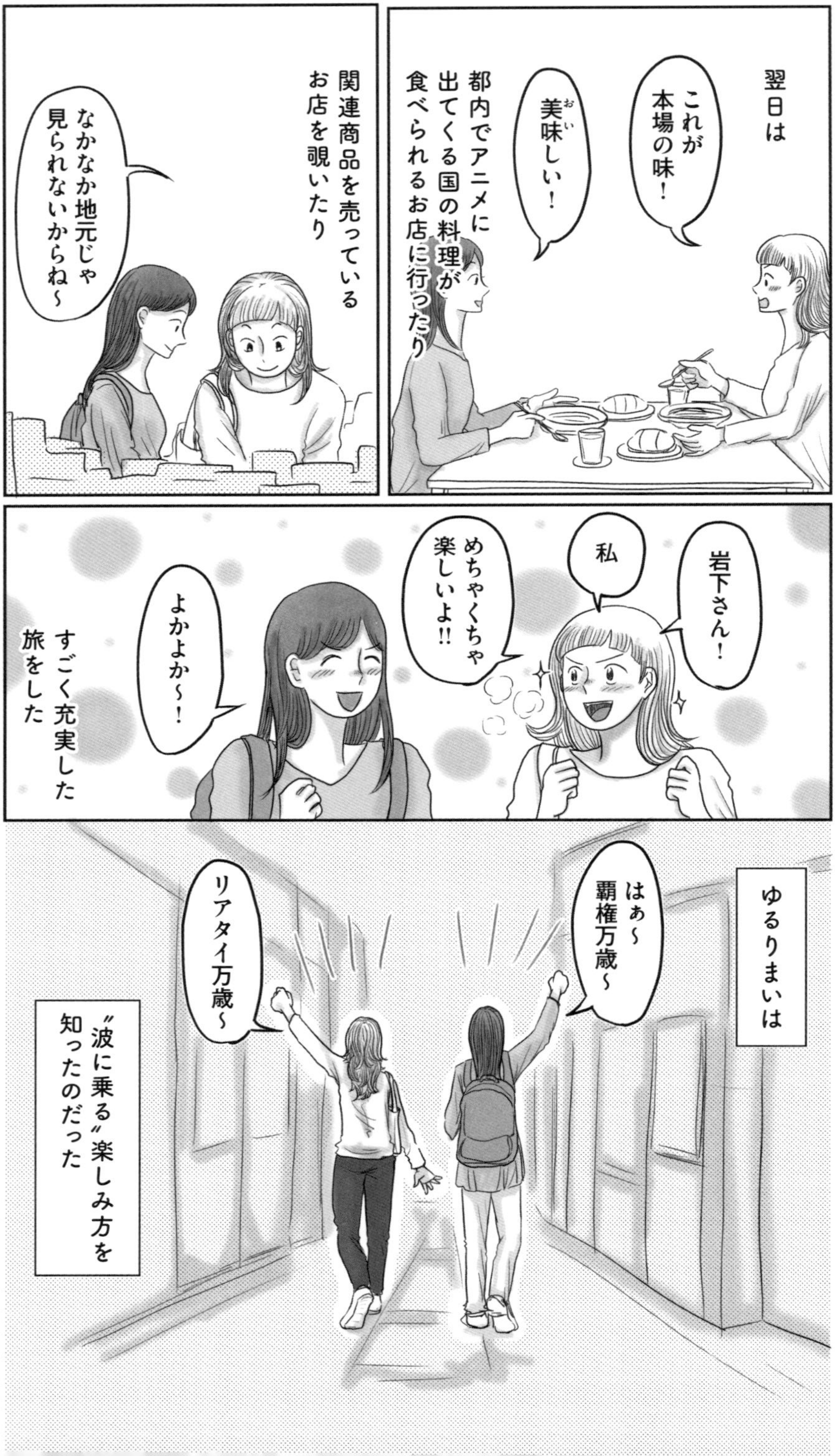
翌日は
これが本場の味！
美味《おい》しい！
都内でアニメに出てくる国の料理が食べられるお店に行ったり
関連商品を売っているお店を覗いたり
なかなか地元じゃ見られないからね～
岩下さん！
私
めちゃくちゃ楽しいよ!!
よかよか～！
すごく充実した旅をした
ゆるりまいは
はぁ～覇権万歳～
リアタイ万歳～
〝波に乗る〟楽しみ方を知ったのだった

それはネット徘徊中に起こった
ふんふんふ〜ん♪
ん？
なんじゃこりゃ
あらやだ……めちゃかっこいいキャラだ……
何これ なんの漫画？
これは私が生涯に亘《わた》って愛することを決めた
……………
野球漫画…………？
推しとの運命の出会いの物語である
オタ活1年生
〈第3話〉プレイボール！私の愛を捕球して！ようこそ野球沼
ねぇ
ぬっ
野球漫画ってどうよ？
わ！どうしたの！

まいちゃんの口から〝野球〟なんて単語初めて聞いたかも
キャラがめちゃくちゃ好みの漫画を発見したんだけど野球が全く分からないから手が出せない
どれ？
あ！これ超人気野球漫画じゃん！
僕も読んだことなくてでも読みたいと思ってたから一緒に読もうよ
野球教えるし
こくり。
夫の助けもあり、早速読んでみることに
とりあえず何冊か借りてきたよ～
熟読…
ルール分からない
???
解説
更に熟読…

面白いね!
どう?
続き借りてこようか?
いや、大丈夫
あれ?面白くなかった?
全巻、電子書籍で買う
私はこの漫画に完全に惚れた
あ、はい〜
ちなみにこの後、
やっぱり紙で手元に置いておきたい!
となり、更に全巻紙で買い直した

せんせー、最近は野球漫画に？
はい、もうめっっっちゃハマってる
野球のルール知ってたんだ？
いえ、全く
野球は11人でやると思ってましたから
ベストナインって言葉知らんのか
でも、つとむにつきっきりで教えてもらって漫画読んで
今は履修中です
疲れました…
天に召されしつとむ
つとむ……
本当に本当に本当〜に話が面白いんですよ…あと登場人物が全員かっこいい…
特に主人公の相棒である先輩捕手がたまらなく好き
好きすぎて辛《つら》い
多分、恋
カァ〜〜〜
誰か仲間いませんかね？
うーん、前に友達がハマっていたなぁ
友達かぁ

私の知り合いもそのアニメにハマってたよ！
SNSのフォロワーさんで好きな人いる～
同僚に好きな子いたかも！
友達、知り合い、フォロワー、同僚……
遠い…！
【オタクあるある】
人気コンテンツなのに自分のコミュニティには仲間がいなくて、絶妙に繋《つな》がれない場所にいる現象
私がハマった時は、ちょうどアニメ放送が一旦終わったタイミングだったので落ち着いている時期だった
またしても私はワンテンポ遅いんだ！
だん
だん
せんせー
仲間がいなけりゃ作ればいいんだよ
え？谷口さんどういうこと？

そう、つまり
〝布教〟すれば
いいのです
そうだ！
高谷さんなら野球好きだから仲間に引き入れられるかもよ！
！
ヒャッ!!
ちょっと高谷さんのところに行ってくるわ！
シュバッ
いってら〜
アァ〜良い仕事した〜

野球好きのドルオタ：高谷
まさかゆるりさんが野球漫画を読む日が来るなんて
わくわく
そうなんですよ！ハマっちゃって！

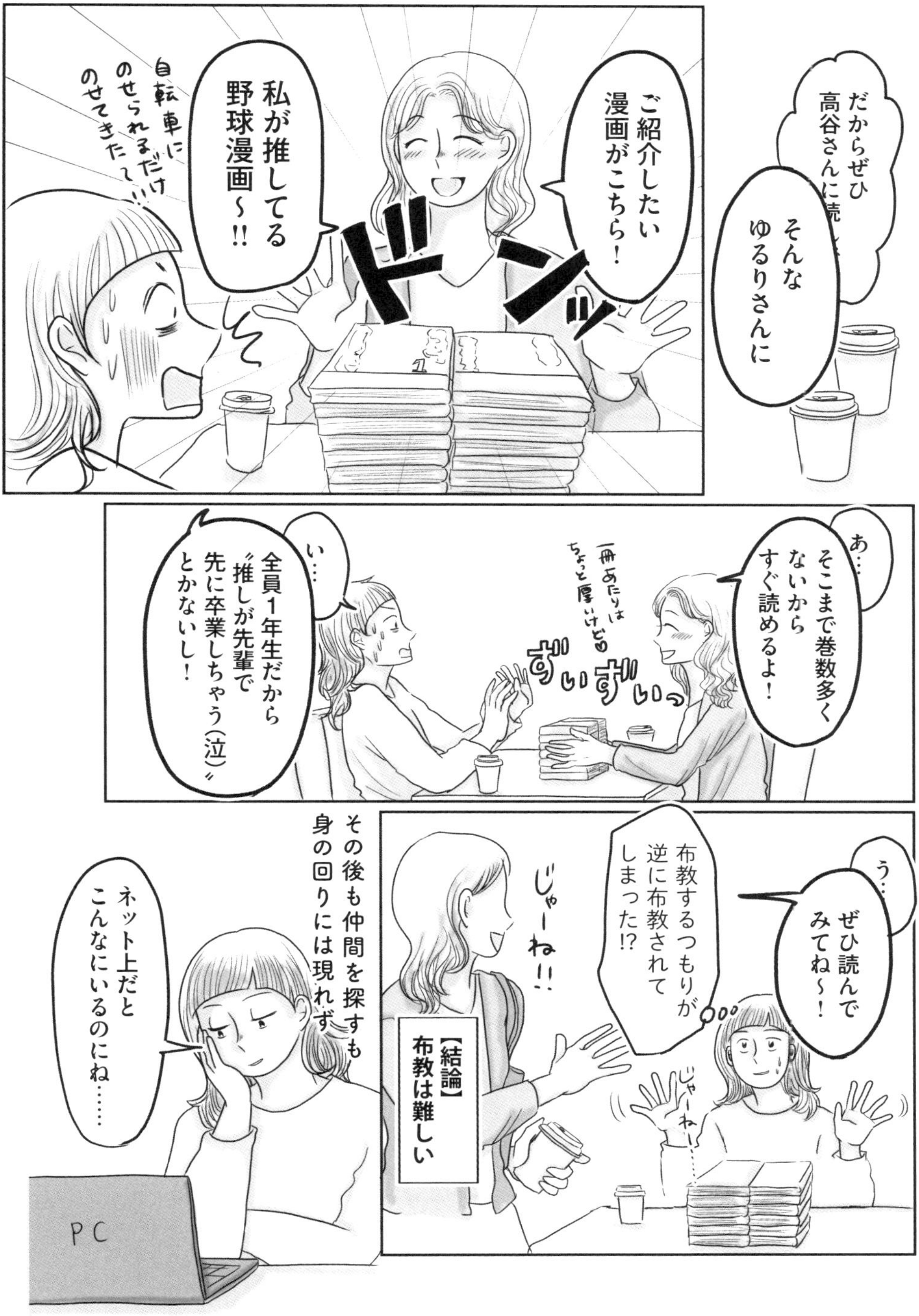
だからぜひ高谷さんに読
そんなゆるりさんに
ご紹介したい漫画がこちら!
ドンッ
私が推してる野球漫画~!!
自転車にのせられるだけのせてきたっ!!
あ…
そこまで巻数多くないからすぐ読めるよ!
一冊あたりはちょっと厚いけど
ずいずいっ
い…
全員1年生だから〝推しが先輩で先に卒業しちゃう(泣)〟とかないし!
う…
ぜひ読んでみてね~!
布教するつもりが逆に布教されてしまった!?
じゃーね!!
じゃーね…
【結論】布教は難しい
その後も仲間を探すも身の回りには現れず
ネット上だとこんなにいるのにね……
PC

夫と一緒にハマったけど、とっくに私の方が"好き"度が突き抜けてしまい
ボキッ
ぐ〜ん!!
じじ
熱量に差が出てしまった
夫
私
ま、いいけどね！一人でも楽しいし！
ぷか
ぷか
ちゃぷ
ちゃぷ
そんな感じで、しばらく一人寂しく沼に浸かっていた
そんなある日
東京でアニメイベント…？
イベント開催決定!!
わ……行きたい……
僕、あっくん見てるから行っておいで〜
でも一人かぁ……
さすがにジャンル外の友達を東京まで連れていくわけにはいかないし…
今でこそなんとも思わないけど

当時は相当尻込みした記憶がある
一人か～…
なぜなら この頃の私は仕事以外で一人で遠出することは ほぼほぼなかったから
しかし以前の
現地イベント参戦の楽しかった記憶が蘇る
ぼっち参戦 めちゃくちゃ寂しい
けど行きたい!
だから私は行く!
アラサー、オタ活 ひとりでできるもん
イベント当日
あー! すごく緊張する……!
わ、あの人一人で イベント来てる～
ぼっちだ ぼっちだ～
とか思われて しまうんだろうか……

ていうか、ちゃんと
会場辿《たど》り着けるかな…
席見つけ
られるかな…
途中でトイレに
行きたくなったら
どうしよう…
ドキ
ドキ
ドキ
ドキ
ドキ
ドキ
イベント前にめちゃくちゃ
心配になる女
しかし会場に
着くや否や
わ――――!!
すっっっっごい人!!
わちゃっ
ガヤ
ガヤ
ざわ
ざわ
こんなに
こんなに
同じジャンルを
好きな人が
いるんだ!!
じ〜ん
ずっとぼっち
だったので
感動している

推しの缶バッジで
痛バッグ
中の人(声優さん)ファン
ファングッズがさりげなく
作品のジャージやユニフォームを着ている人
バッグに推しのぬいぐるみ
推しの色でコーデする人
初めて見る!
すごい!
初めてイベントに行った時(第2話)は興奮して周りが一切見えていなかった……?
そしてぼっち参戦っぽい人も結構いる…
よかった…
…そ、そうだよね誰もいちいち他人のことなんか見てないよな
ぽっ
自意識過剰だった自分が恥ずかしくなる
あ、あの人と好きなキャラが一緒だ!
私も好きですよ〜かっこいいですよね〜
????
話しかける勇気はないため念を送る女

それにしても嬉しいなここには仲間しかいない！
ハァ ハァ ハァ ハァ
みんな！ここにはたくさん仲間がいたよ！
ボヤァ〜〜〜
よかったね〜
ちょうどこの会場が作中にも登場する場所だったため
ハッ!!
あ！ここ○○がいたところだ！
電子書籍で確認中
（こういう時、電子書籍って便利）
パシャッ
あそこに推しがいたんだ……!!
ついでに聖地巡礼も楽しんだ
そしてイベントはあっという間に終わり…
や、やばい……アドレナリンが……
最高に楽しかった……
あ…
キョロ
キョロ

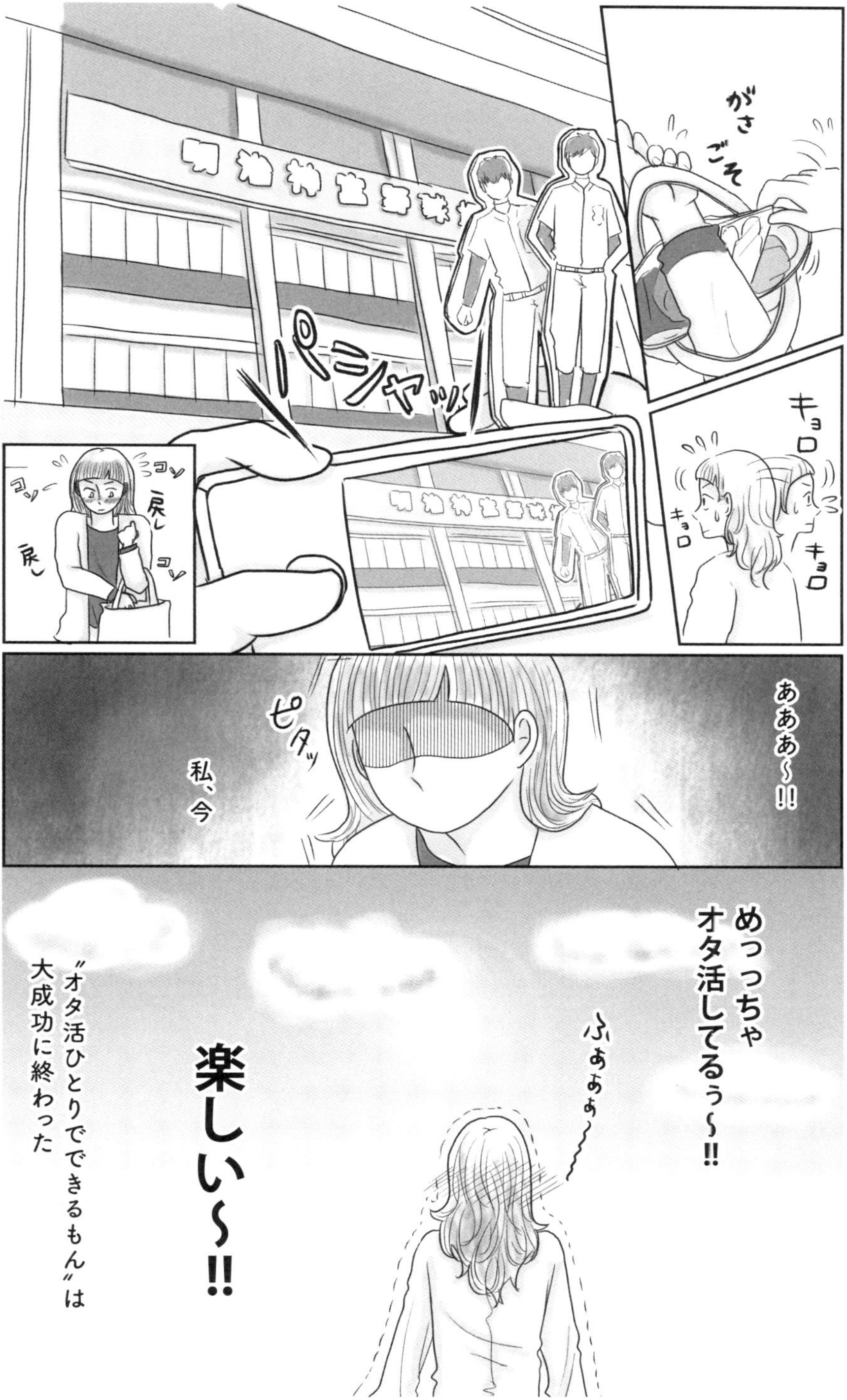
がさ
ごそ
パシャッ
キョロ
キョロ
キョロ
コソ
コソ
戻し
戻し
コソ
あああ〜!!
ピタッ
私、今
めっちゃ
オタ活してるぅ〜!!
ふぉぉぉ〜〜
楽しい〜!!
〝オタ活ひとりでできるもん〟は
大成功に終わった

——余談
あ！ せん……
このオタ活に影響を受けまくった私は
その後、行われた地元球団×アニメのイベントで……
せ、せ、せんせー!?
一体何が!?
推しの顔がでかでかと描かれた推しタオル
推しが全面にあるTシャツ
推しのチケットケース
推しのアクリルキーホルダー
推しぬい
購入したての推しグッズが入った推しのエコバッグ
めちゃくちゃ気合入ってるじゃないですか！
この日のためにグッズを集めてキメてきました！
あーなんていうか…言いにくいんですけど
ん？ なんです谷口さん
別にオタクだからってそれが正装ってわけじゃないですよ
そ、そ、そうなの!?
のちに谷口は語った
「あの日のせんせーはとても輝いていたから（※半笑い）写真を撮っておけばよかったと本当に後悔してる」と

# オタ活1年生〈第4話〉
# ねぇ、いつの間に高校球児は年下になってしまったの？

野球漫画に激ハマりしたものの
最初は全く野球のルールが
分からなかった私
えぇー？？
それでなんでこいつは
これだけハマれたんだ？
真剣
ルールを覚えるためにも
プロ野球でも見てみなよ
ぐっ
よしきた！
ねぇねぇ
つとむくん
お、プロ野球の試合
見てるの？
勉強熱心だね～
うんまぁ？
少しでも推しのこと
理解したくて…？
あ、そうすか
テレ
ところでさ、なんでたまに
ピッチャーが首振ってるの？
バッテリー間で
球種決めてるから
だけど…？
NYA KUTEN
え!?

あわ あわ
あんなにバッターのすぐ近くでサイン出したら
バッターに見えちゃうよ!
見えないよ!
落ち着いて!!
いい?
右投げ左打ち
ちょい貸してて
あ〜ぼくのだよ〜
さっ
ほら、僕が今なんの指出してるか分かんないでしょ
ほ…本当だ!意外と何も見えない!
ぴらぴら
でも振り向いたら一発だよ!
振り向いちゃダメに決まってるでしょ!
くるっ
と、まぁこんな感じで野球の知識がなかったけど
あ!漫画の中で、投手と捕手がモノローグで会話してるのは漫画的表現だからね
それはさすがに分かるわ
夫が懇切丁寧に教えてくれたので

いつしか一人でも野球の試合を見られるようになっていった
うわぁ…
よく見てられるね、そんな試合点差えぐいのに…
9点差で負けてるじゃん……
え？ そう？
当時とにかくルールを覚えたかった私は
ひどい試合だろうとなんだろうと見るようにしていた
推しの好きな野球を肌で感じたいのです
果たして画面越しでどうやって肌で感じるのか？
球場行きなさいよ
余談ですが……
その後、すくすく成長した私は試合結果によってその日の機嫌が左右されるという、周りにとって面倒なタイプに進化していったため
今は勝っている時 or 心が健やかな時にだけ見るようになった
現在8才になった息子
ママが試合を見てるってことは勝ってんのか～

そして季節は過ぎ…
冬ってなんにも見るもんないな～
あとさ～プロ野球ってやっぱりプロじゃん
は？
なんだろうな～なんかこう…
初々しさ
YURURI
高校生の野球を感じてみたいんだよね
じゃあ春のセンバツが始まったら見てみれば？
ぽんっ
春
よ～し今日もセンバツ見るぞ～
ポテトチップス
たまたま見た試合でのことだった
いつの間にか選手との年の差が開いたな…
お……？
ポテトチップ

割と小柄な選手が投げてるな
しかし
小柄ながらそこから繰り出す気迫あるピッチング
サウスポー
テンポ良くさくさくアウトを取る爽快感
ファー
ファー
18
この子新2年生なんだ！
捕手も新2年生だってすごいね！
新2年生バッテリーってなんか推せるな～
そんな単純なことから
わぁ～！勝ったじゃん！
次の試合も見よ～っと！
縁もゆかりもない県の高校を応援し始めた私

それまでは
ユニフォームが好きな方とか
YUR URI
馴染みのある県の方とか
好きな食べ物が多い県とか
そんな理由で応援する高校を決めてなんとな〜く見ていたけど
特定の高校を応援し始めるとセンバツを見るのが更に楽しくなった
後日
あ———!!
負けてしまった!
でもまた夏に会おう!
必ず! 待ってるよ!
誰目線やねん
まぁ、夏の県大会を勝ち上がってこないと
夏の甲子園で見られないんだけどね
ハッ!
そうじゃん!

プロ野球と違って負けたら彼らの夏は終わり…
3年生は引退…
県大会で一度も負けなかった高校だけが甲子園の土を踏める……
夏の高校野球って尊い!!
ぶわあっ
うんそうだよ
高校野球漫画読んでたよね？
ゆるりまい、気付く
現実世界で高校野球の尊さに気がついた私は
その後、県大会をネットで観戦し
便利すぎんか…この世の中…
ぶるぶる
ぶる
仙台の自宅にいながら全国の県大会が見られるじゃん……

無事その高校が県大会で優勝した時は
よっしゃーーー！
ぐっっっっ
第○○回大会優勝
甲子園出場決定!!
熱い夏が始まる!!
ありがとう！
ありがとう！
ぶん
ぶん
にわかなのに……
まるで古参のように楽しんでいる……
我が事のように喜んだ
〝推している高校〟略して〝推し高〟が甲子園出場を決めると
私の夏は一変
あれー？
せんせーは？
来ないよ～
え！なんで？
体調不良？
いつもなら遊ぶ約束あったら這《は》ってでも来るでしょ ゆるりさんは
甲子園中継を見なきゃいけないから家から出られないいんだって
中継
この年から、私の夏の予定は試合の日程ありきで全てが決まるようになった
せんせーの一瞬で全力沼落ちする感じいっそ清々しいよな
それな
元気だよね
甲子園沼

そしてやってきた
準々決勝
推し高は
貴重な東北勢と
当たることになった
どうして……
なんでよりによって東北勢と…
東北勢に勝ってほしいけど…
推し高にも当然勝ってほしい…
だって推しだから……
この時はまだ優勝旗は白河の関を越えていなかったので
推し高の対戦相手は全東北人の夢を背負った戦士だったのである
試される郷土愛!!
辛い!!
よくフィギュアスケート好きの岩下さんが
大変だ…1位が足りない…
みんな良いからみんな1位にしたい…
ってシーズン中うわごとのように言ってるけど
今なら分かる

もうみんな優勝じゃダメか…？
ぶるぶる
なあっ？いいよなっ？
いや、ダメだろ
落ち着けよ
ぎゅっ
ぎゅっ

その日の試合は
一言で言って
〝激闘〟
だった
そして私の推し高は
高校野球史に刻まれるであろう劇的な試合展開の末
負けてしまった

私は泣いた
たくさん
たくさん泣いた
家族が引くほど
泣いたし
おーいおいおい
ぶるぶる
ぐっ…
ママかわいそ～
なかないで～
びええ～～
ママァ～～ん
よく分かって
いない
息子がもらい泣きする
くらい泣いた
監督の話を聞いては
泣き
ずびずびずびび
○○ ○○ ○○監督
試合後の記事を
読んでは泣き
もはや
読めていない
ぐぅぅ…

最終的に、どうして自分がこんなに泣いているのか分からなくなるくらい泣いたと思う
多分東北人の中でまいちゃんが一番泣いてると思うよ…
ぬおぉ……
うぅ～…
うぅ～…
ガク
ガク
あ、分かった
そんなに悲しいなら秋大会を現地で見てくれれば？
え……
彼らが新しいチームになって次に進んで頑張っている姿をその目で見ておいでよ
いいの……？
日日スポーツ
9回裏無死満塁　2ランスクイズ
サヨナラ負けで4強入り叶わず
〇〇時〇〇分
うなだれる〇〇ナイン

もちろんだよ
まいちゃんが笑顔になって
くれるのが
僕の一番の願いだから
さぁ涙をお拭き
ごしごし
つ、つ、つとむきゅん…
じゃないと
ほら……
あの子がさっきから
全然泣き止まないからさ……
あ！
さーせん!!
いざ行かん！
聖地巡礼！

# オタ活1年生 〈第5話〉ゆるりまい、人生で初めてナンパをする

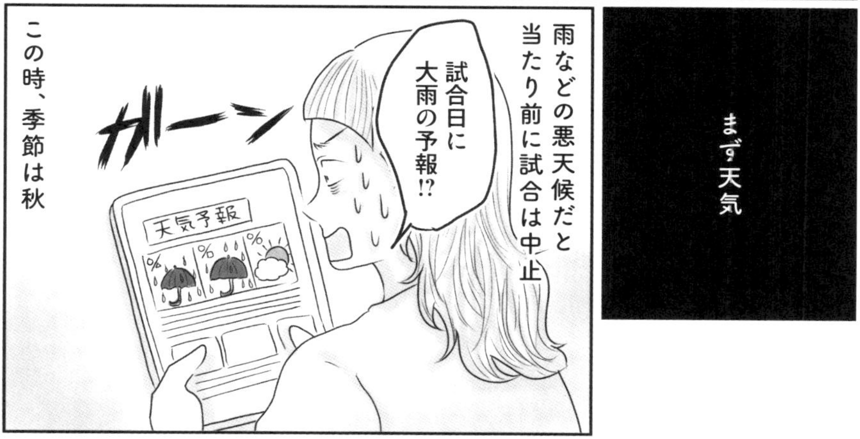

じゃあ別の日になるの？
でもそれっていつ確定？
そわ
そわ
そわ
そわ
え!? 試合当日にしか分からない!?
台風シーズンにより
ホテルを取り直さないと…
ぎゃっ！飛行機もじゃん！
うわぁ〜〜
ぐちゃ
ぐちゃ
当初のスケジュールはぐちゃぐちゃ
頼む……もう予定が変えられない……
天気よ…もってくれ…
私はただ推し高の試合が見たいだけなんだ……
ううう…
私は全く旅慣れていないので余計しんどかった
そして遠征当日……
予定が二転三転しつつやっと迎えたその日
長かった……そして遠かった……
ぜぇ
ぜぇ
早くスーツケースをコインロッカーに入れよう
ヨロッ…
でも…
ついに…

ついに！来たぞ！
推し高の聖地（のうちの一つ）！
うわ〜ネットで見た地方大会の時の球場だぁ〜
ハァハァ
ハァハァ
ぷる
ぷる
興奮しかない!!
ハッ！
あのユニフォームは！
ガヤ
ガヤ
ガヤ
推し高の選手!!

尊い！
手を合わせたい！
だがしかし！
ここで中年女が一人手を合わせていたら通報されてしまう…！
耐えるのよ！まい！オタクである前にオトナであるべき!!
ていうかどこから入っていいのか分からん！
きょろ
きょろ
ビーン
あ！
一人で来てる女性がいる！
ビーン
ぼっちレーダー作動
すみませ～ん
精一杯のほほえみ
にこぉ～
これってここでチケット買ったらいいんですかね～？
にこにこ
ごめんなさい私も分からへんくて…
あぁ～そうなんですね～！

こういうの初めて来たんで勝手が分からへんくて
私もです〜
長旅の緊張
初めての土地
…………
良い人そう
優しそう
話しやすいオーラ
そしてもうすぐ推し高の生の試合……
あ、あの…
ドキドキドキドキドキドキ
よかったら一緒に見ませんか?
この時の私は高揚感でいっぱいだった

あ…ヤベ…
こんな突然
誘うとか…
絶対ヤバいやつ
だと思っ
ぜひぜひ！
私もお誘い
しようかと！
ぎゃっ！
ゆるりまい
人生初ナンパ↓成功
かえさんは
地元の人？
そうそう！
この近くやねんわ
まいさんはどこから
来はったんですか？
かえさん
仙台です〜
は？
うそやん!?
なんで!?

いや～センバツの時に
試合を見て以来すっかり
この高校のファンに
なってしまって
うちと一緒やん！
あの時の
試合で～
分かります!!
あれは～
うわ……
なんだこれ……
めちゃくちゃ
楽しいぞ……
あっ
試合が始まる!!
ほんまや!!
同じものを好きな同士
別の視点から
話を聞けたり
あー
惜しい～
同じ感想を持って
共感し合えたり

同じ仲間と語り合うって
勝ったー!!
やったぁー!!
こんなに楽しいものなんだ……
ありがとうございましたァ
いやぁ~!
面白かったですね~
本当！生で見られて楽しかったです！
ん？
ここでみんな待ってはるんやね
選手が通るんかな？
あ、本当だ！選手が来ましたよ！

推し高の監督様じゃあああ
バチ
ぺこ
ぺこ
??
誰やろ？という顔
ぺこ
まぁええかアイサツしとこという顔
わぁ!!
連鎖する会釈
ぺこ
ぺこ
ぺこ
ぺこ
ぺこ
ぺこっ
ぺこっ
あれ絶対、監督が会釈してくれたから選手も高校の関係者か保護者かと思って会釈してくれましたよね
絶対そうやんね……うちらただの追っかけやのに……

その後も球場近くで
立ち話が尽きず
うちも子どもが
男の子やねん
あー!!
一緒だー!!
じーん
本当にすごいなぁ……
私、超人見知りなのに
今すっごく楽しく
話ができてる……
でもまいさん
仙台からやったら
旅行の日程決めるん
大変やったやろ~
天気でコロコロと
試合の日程が
変わったし
そうなんですよ
フリーランスだから
やれたようなもんです
ぐぐっ
そ
へぇ~!
フリーランスなんや!
私は普段、初対面の人に
自分の職業は言わないように
しているのだけれど
フリーランスって
どんな?
あ……
かえさんがとっても
良い人&話しやすかったため
?

ついぽろり
一応 漫画家的なことを…
えー! すごいやん!
なんて名前? 本名?
あー…… ゆるりまいっていう名前で…
あはは…
なんて知らないよねぇ
うそ……
知ってる…… ゆるりさんや……
びーーん

偶然会った中で
うそ!?
嬉しい!!
本当ですか!?
なんで知っているの!?
私のことを知っている人と会ったのは、これが初めてだった
結果二人の話題は尽きなくなり
あかん!もう帰らんと!
ですよね!ごめんなさい!
カー
カー
あ
もしよければ………
え～!

現地で人妻をナンパして連絡先交換したぁ!?
いや言い方!表現!
でもよかったね~これで初めてできたじゃん
オタ友!
!!!
こ、こ、これがオタ友かぁ~!
ぶるぶる
ぶるぶる
ぶる
もしもーし??
この日初めて私にオタ友ができたのだった

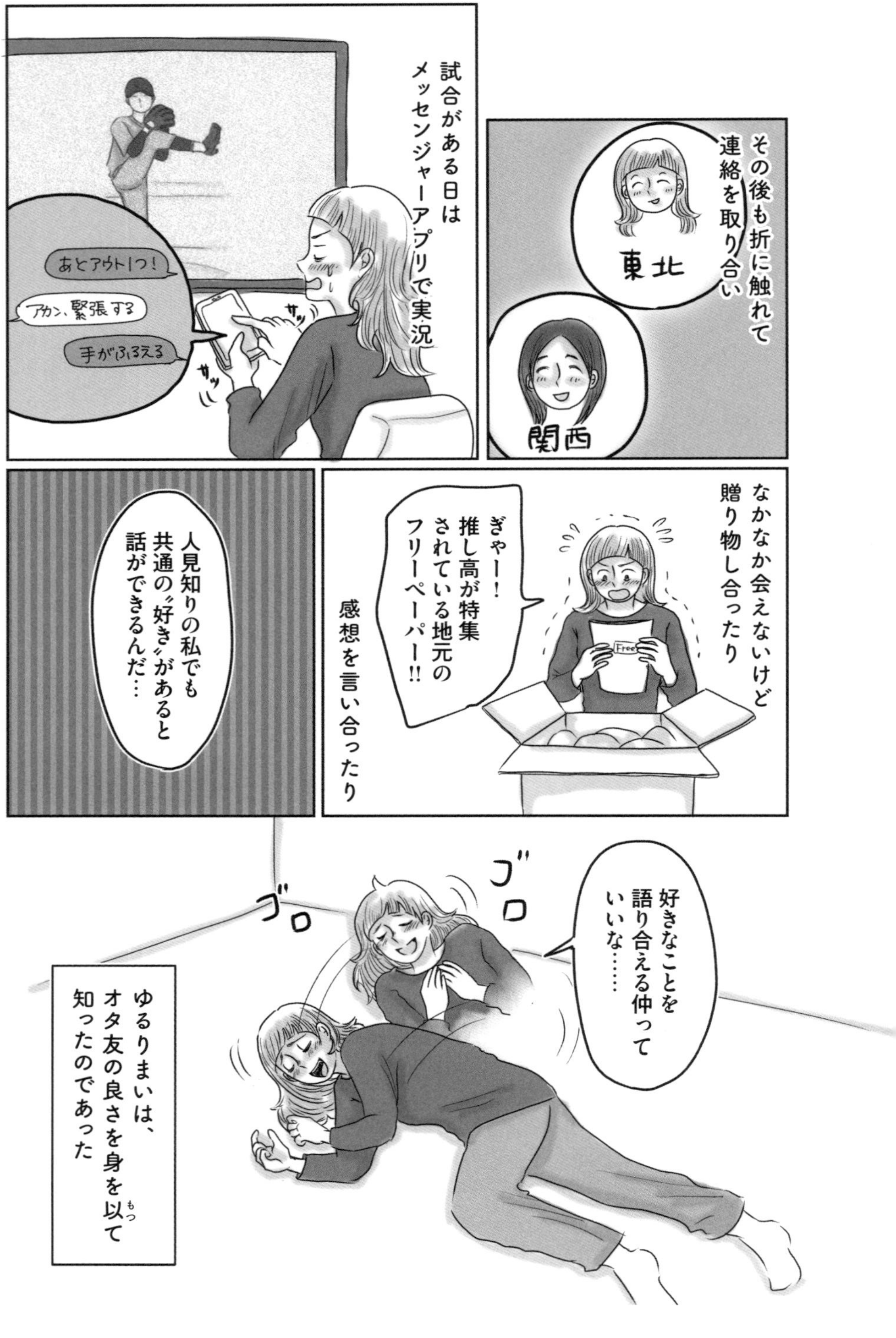
その後も折に触れて連絡を取り合い
東北
関西
試合がある日はメッセンジャーアプリで実況
あとアウト1つ!
アカン、緊張する
手がふるえる
サッ
サッ
なかなか会えないけど贈り物し合ったり
ぎゃー! 推し高が特集されている地元のフリーペーパー!!
Free
感想を言い合ったり
人見知りの私でも共通の〝好き〟があると話ができるんだ…
好きなことを語り合える仲っていいな……
ゴロ
ゴロ
ゆるりまいは、オタ友の良さを身を以《もっ》て知ったのであった

# オタ活1年生〈第6話〉

## CPはオタ友マッチングにおいて非常に重要な確認事項であると心得よ

推し高の地元の企業が企画しているバスツアーに参加し
私の住む仙台
神戸空港
推し高の県
バスに乗って甲子園球場へ
点呼取りますね～
ってお客さん仙台から来たん!? なんで!?
この旅の間、いろいろな人から何度も聞かれた質問
灼熱の中、高校球児の聖地に着き
あ、あ、暑すぎる…
マウンド上はこれ以上暑いんやって…信じられへん…
そんなん球児が倒れちゃうじゃん!
氷を抱きながら試合観戦
なんで氷なんかと思ったけど
これは命を守るアイテムだね…
近くに座っていたおじさんは氷をあらゆるところに抱えていた
がちわり 氷
試合以外は延々とオタトーク
この前の試合さ～
○○高校の投手の子がね～
話しながら必死に日陰を探す女達

時に甲子園観戦の玄人たちに圧倒されながらも
わ！あの人チケット購入列で椅子持ってきてる！便利！
椅子＋読書＝完ぺき
まいちゃん！次の試合のチケット買うなら別で並んだ方がいいみたい！
なんかみんな仲間と連絡取り合ってる！
聖地のライブ感を堪能した
ブーン
TAXI
今日の暑さやばかったでしょ〜
救急車が何台も来てますからね〜それでも足りんくてタクシー使うくらいですから
ひぇ……
…………
我々はなんてところにいたんだ……
とまぁ
ページ数の関係でめちゃくちゃ端折《はしょ》ったけど
じゃあまた会おうね〜
また絶対会おうね〜
こんな感じで初の甲子園観戦を終えた私

かえちゃんとの時間が楽しければ楽しいほど
はぁ〜オタ活楽しい！
かえちゃんのおかげだ〜ありがとう！
この時の私にはある思いが募っていた
それは
ぴたっ
〝今ハマっている作品のアニオタ友達〟も
欲しい！
私はこの時、とある作品にどハマりしていて
野球関連と並行してアニオタ街道もまっしぐらだった
ざっくり言うと 男の子達が わちゃわちゃする話
主人公② 東野（仮名）
主人公① 北川（仮名）
この頃、推しと沼は減る事なくむしろ増える一方であると学ぶ
そして相変わらずいつもの友人たちは別ジャンルに忙しく仲間はゼロ！
すまんな

かえちゃんという、同じ好きを語れるオタ友ができてしまって
私はすっかり欲張りになってしまったのだ！
そんな思いを抱えながら向かったのは
その作品のアニメのコラボカフェ
こういうのって仙台だとなかなかやらないからな～
タイミングよく寄れてよかった～

ふふふふ…
分かっていたよ！
私はぼっち！
全っっっっっ然
これっぽっちも
全くと言っていいほど
寂しくなんかないけどね！
意地を張る大人
ぼっちの味方のイヤホン
数十分後
お次の方どうぞ～
わぁ～！キャラの全身パネルだァ～！
わぁ～

わぁ～!!
最推し(東野君)の席に
通されたァ～!!
ま、
感動を分かち合える人
いないんですけど
昨日までオタ友と
一緒だったので、
より寂しさを感じる私
わぁ～!
2番目に推し(北川君)の
ポストカードが
当たったァ～!
きゃ――――!
ピクッ
よかったやん!
東野君が当たって!
もうめっちゃ
嬉しい!

運全部使ったわ〜！
隣の子と推しキャラが一緒だ！
ぴくぴくぴく
いいな〜どんな絵柄なんだろ〜！
今だけろくろ首になりたい
見〜せぇ〜てぇ〜
ん……
待てよ…
これってオタ友を作るチャンスなのでは!?
OTA TOMO
OTA TOMO

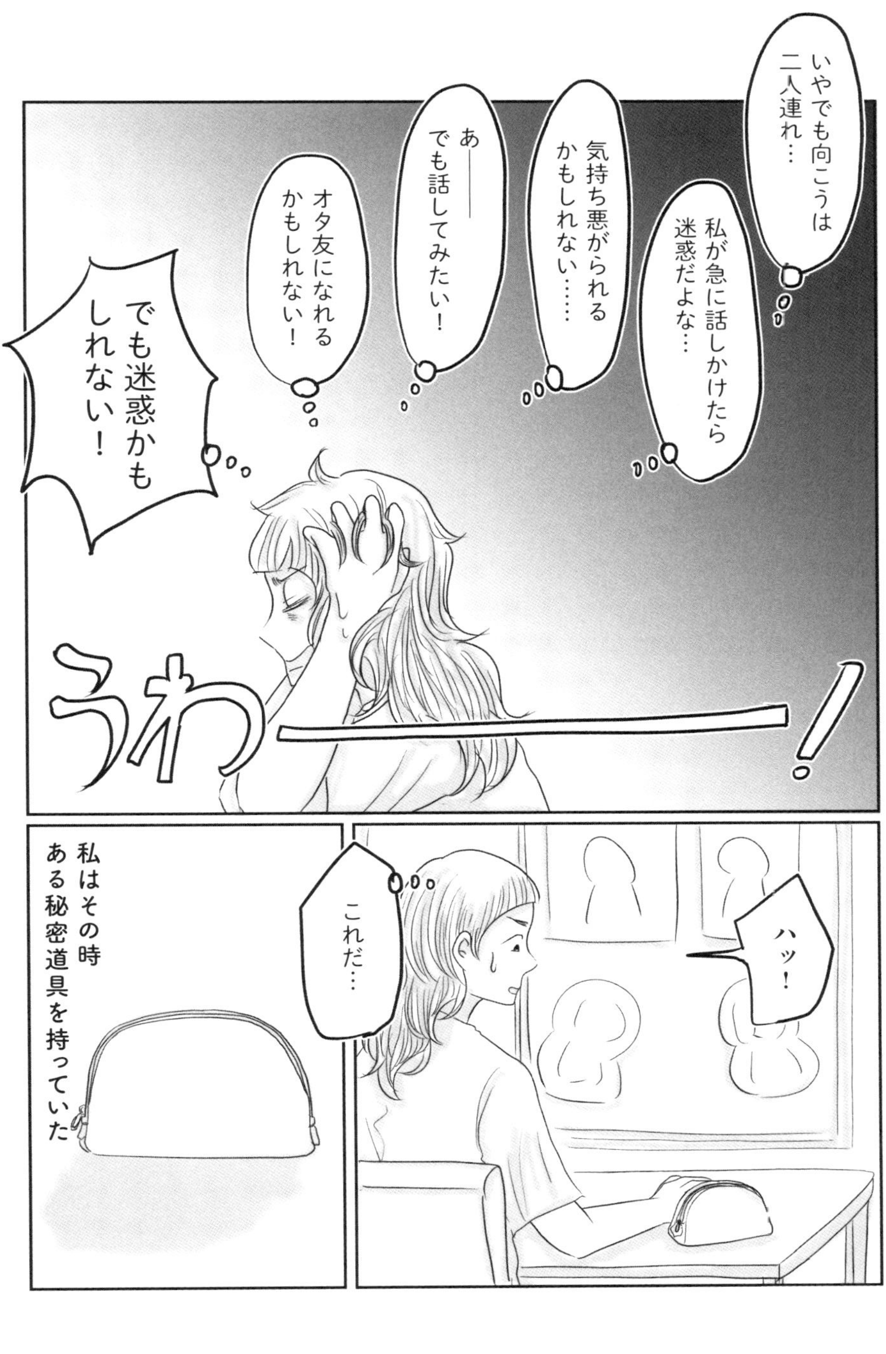
いやでも向こうは
二人連れ…
私が急に話しかけたら
迷惑だよな…
気持ち悪がられる
かもしれない……
あ――
でも話してみたい！
オタ友になれる
かもしれない！
でも迷惑かも
しれない！
うわ――――！
ハッ！
これだ…
私はその時
ある秘密道具を持っていた

それは
作品のキャラの手乗りサイズドール
ちゃんとコラボカフェに合わせたお洋服を着せてきた
もしこれに食いついてくれたら話せる…! はず…!
ガサ
ゴソ
来い来い来い来い来い来い～!
写真を撮るていで……
あー!
北川君と東野君のドールや!
パクッ
かかった

絶対この魚は
逃してはいけない!!
うぉおおのおぉぉ
私の父方の祖父は漁師
今すぐ首がねじれるくらいの勢いで振り向きたい…!
けど怖がられるかもしれないから
2秒…いや3秒待て…
3……
2……
1……
……よし!

※ブラインド：中身が分からない仕様で売られていること

うわぁ〜可愛いですね〜
めっちゃ普通に話せている!!
同担拒否って感じでもなさそうだし
同担拒否
＝同じキャラを推している人とは仲良くしたくない人
同ジャンルの同じキャラ好き
う、う、う、嬉しすぎる…!!
ちなみに…
東野君×北川君ですか?
キ

キ、キタ――――!
二次創作腐女子における大事な分類
カップリング
CP
攻め(左)
受け(右)
この作品は決して腐女子向けではないものの、それでもどこからともなく湧いて出てきてしまうのが
私たち腐女子!!
ひっそりと生息
ドール2体持ちでピン!ときました?~
そんな腐女子にとってこの分類は、
それぞれの考え方や哲学がふんだんに織り込まれているようなもの
maaai@11/19イベント参戦
@xxxxxxxxx
成人済腐/ 東北（左右固定）
逆CPリバNG
20　年2月からtvitterを利用中
198フォロー　85フォロワー
SNSのプロフィール欄に好きなCPを明記する人も多い
この左右が逆な人同士が話すと、
キャラの解釈が異なってしまうことも多く、
あっ……
なんか違う……
険悪なムードになりかねないのである!
とってもセンシティブ!!
ちなみにこのジャンルの最大派閥CPは
東野君×北川君
攻め
受け

そして私は…
東野君×北川君でも北川君×東野君でもどちらでもOK
＝
左右固定なし
という非常にマイノリティーな立場だった
最大派閥
東野×北川（東北）派
ちょっとはいるぞ
北川×東野（北東）派
ほとんどいない
左右固定なし
（リバ可）
左右固定派からするとかなり嫌がられる場合がある
嘘ついても仕方ないし…正直に言おう……
私とくに
こだわりはなくて…キャラの解釈さえ合っていれば
どっちでも
いいんです……
分かります！
え？

私たちもキャラの解釈さえ合っていればどっちでもいい派です
なんてこったい!!
マジかよ、ネットでもなかなか出会えないのに！
東野君×北川君だと東野君のキャラが変に男前になっていて違うなーと思うんです！
分かります！東野君って抜けてるとこが可愛かったりしますよね！
わーーー！オタ活の神様は私を見捨ててはいなかった！
オタ神
じゃあ…
南田君についてはどう思います？
え……
南田君!?
南田君
一部のオタクから絶大な人気がある
南田とは、東野のライバルポジの新キャラのことだった
この時南田×北川(南北)のCPも増えてきていた

ヤバいな…
南田君については
〃無〃だったな…
でもこの子たち、
南田君のこと
好きだったら
悪いしな〜
え、待って
これは面接か？
私をオタ友に
してもいいかどうかの
面接なのか!?
あぁ、
いいだろう……
自慢じゃないが、
面接だけは自信があるんだ
この勝負、
勝たせてもらう!!
むきっ
うーん、
南田君は良いキャラだな〜とは
思うんですけど

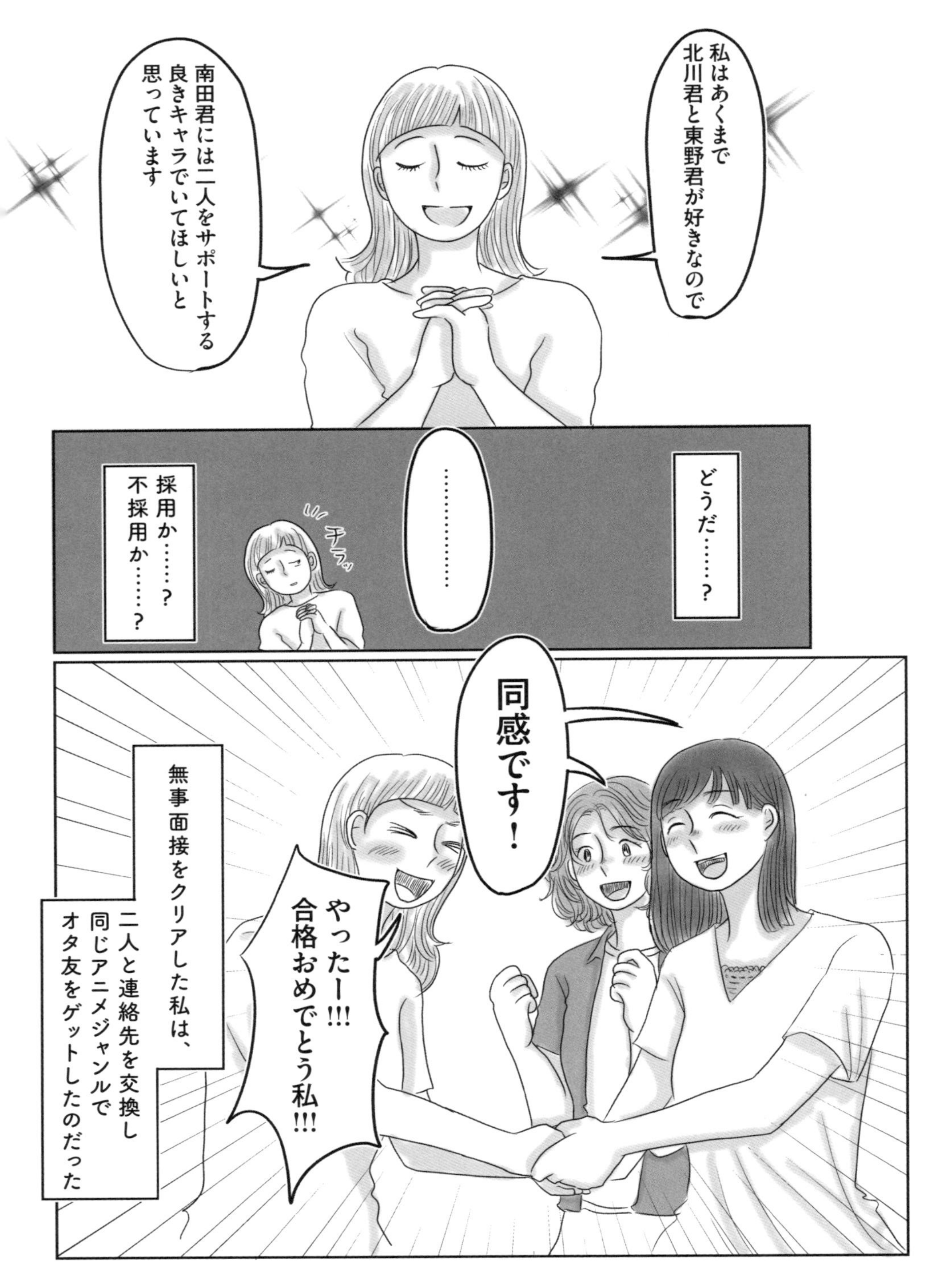
私はあくまで北川君と東野君が好きなので
南田君には二人をサポートする良きキャラでいてほしいと思っています
どうだ……？
……………
チラッ
採用か……？不採用か……？
同感です！
やったー!!! 合格おめでとう私!!!
無事面接をクリアした私は、
二人と連絡先を交換し同じアニメジャンルでオタ友をゲットしたのだった

# オタ活1年生 <第7話> “魂の双子”を求めて三千里

関西遠征を経て無事オタ友ができた私
イベントに行ったら友達がいる！
久しぶりー!!
わーい!!
アニメや漫画の感想を共有できる！
きゃっ♡
きゅっ♡
イベント終わりに友達と感想を言い合える！
あーだこーだ
わい
わい
私は同ジャンルの友達がいることの楽しさを噛み締めていた
だから
まいは
オタ友が欲しい……
この前二人もできたんじゃないの？
上の方のコマでも言ってるじゃん
できたよ！できたけど…！
遠いんだよ～
さめざめ……
私
友
友達は関西在住

なかなか気軽に会える距離じゃないし
イベントが東京と大阪の2箇所で開催されたら間違いなく別になっちゃうし
何よりほら……
彼女たちは元々二人じゃん？
そこに入っていくのって気を使うっていうか…明らかに邪魔じゃん、私
お、出たね～陰キャコミュ障気質
僕と一緒じゃ～ん
伊達《だて》に友達少ない人生送ってないからね
彼女たち見てるとさ
作品への考え方やキャラの解釈、好みの傾向とかぴったり一緒でさ
ああいうのが〝魂の双子〟っていうんだろうな
ふ～ん
だから私も探そうと思って
魂の双子

立派な陽キャ ナンパ師になって
片っ端から声かけて
この世界のどこかにいるであろう
私の魂の双子を探し出してみせる！
ぐいんっ
ポロッ
わぁ〜すごい〜
わぁ〜
ぽいいんっ
当時、何度か都内でイベントがあったので家族に頼み込んで上京
＊息子はこの頃ちょうどママべったり期ではなかったので行けた
いってら〜
おみやげかってきて〜
すんません……
毎回イベントにて〝隣席ガチャ〟にトライ！
ドキドキドキドキ
隣の人が気が合いそうなら話しかけてみよう…

外れの日
両隣連れ有り
私はぼっち
再び外れの日
隣もぼっちだけど
話しかけんなオーラが凄い
もちろん話しかける勇気はない
更に再び外れの日
隣もぼっちだけど
多分話が合わなそう
キラ
キラ
キラ
ま……
うう……
負けない……!

そして迎えた
隣席ガチャ神引きの日
今日のイベントは
席でワンドリンク
注文制かぁ
ガガガ
あ、
ドリンクメニュー
見ます?
ありがとう
ございます〜!
何が
美味しいんだろ〜
Menu
え? 独り言?
もしかして
私に言ってる?
でもよく分からんけど
チャンスじゃね?
むに
むに

どれも美味しそうですよね～
ぐい
ねぇ～迷いますよね～
うわ――――会話した！会話しちゃったよ私！
きゃ♡
きゃ♡
その後もちょこちょこ会話が続き
イベント後は感想を話し合いながら
会場の最寄り駅まで一緒に向かったのだった
で、連絡先を無事ゲットしたんですわ
Yuna
ずい
おぉ～
パチパチ
おめでと～
パチパチ
仲間内の誰かがイベント遠征すると必ず行われる"報告会"中

すっごくいい子だった！
だったんですけど！
けど？
さりげな～く聞いたら違うって……
腐ってないんですよね～……
ガクッ
女子のオタクがみんな腐ってると思うなよ！
あぁ～残念～
そもそもその漫画は腐の要素は皆無じゃないか！
皆無だろうと何だろうとどこにだって湧くの！腐女子は！
原作者及び一般のファンの皆様ごめんなさい!!
決して作品を冒涜している訳じゃないの!! マジで!!
まぁ相手が腐女子じゃないと気は使うよね～
そうなんですよ
私たち腐女子は常に見えないものを見ようとしているので
それな本当それ
妄想力エグすぎ
たまに怖いんだよはたから見てて
だから！同志じゃないとお互いしんどいじゃん！
あと推しも違ったんですよね
それはいいじゃんグッズとか交換できるし
確かに！そうか！
私の推し東野君の先輩キャラ
彼女の推し西山君
腐女子的には"西東"のCPが人気

あぁ〜 どこにいるのかな 私の魂の双子は…
ハァ〜
まぁまぁ 私たちが いるじゃろ
魂の双子とは 違うかも しれんが……
うー ありがとう ございます… 大好き…
でも
同ジャンルの友達と 語り合う楽しさも 知ってしまって！
欲張りで ごめん！
まぁ私たちは その漫画読んで ないから、よく 分かんないしなぁ〜
よし！ もう少しだけ 頑張ってみる！
ガバッ
伝説のナンパ師に なってみせる！
ぎょっ
ガタッ
じゃあ また！
…………
で、伝説の…… ナンパ師……？

そんなに同ジャンルのオタ友って欲しいものなんですかね
知らん 私は基本壁打ちなので
まぁせんせーはオタクなりたてだから全てが物珍しくて楽しいんじゃないですかね
若いですね～
生温かく見守る我が友
そんなある日のことだった
さぁ日課のピ●シブ巡りの時間よ～
ん？新しい書き手さんだ！
読んでみよ～
十数分後
私は震えていた
ハァ ハァ
ハァ ハァ
このらら子さんって人が書いた話
……とってもエモかった!!
らら子さんが書いた小説は東野君×北川君だったけど北川君×東野君と言われても違和感がないくらい
内容は『社会人になった東×北』の話
原作は学生じゃないの!?
腐女子にとっては時空を超えることなんて赤子の手をひねるより簡単である
どちらもカッコよく男前に書き上げられていた

そうなのよ
東野君×北川君だと
どうしても
北川君が可愛く、
東野君はスパダリに
書かれがちだけど
原作では別に
そんなことないし…
スパダリ：スーパーダーリン。ハイスペック男子
それに…
なんといっても
らら子さんの作品の
素晴らしいところは
受けである
北川君の方が東野君より
愛が強いってこと!!
愛
攻
ぎゅ〜〜〜っ♡
私が好きなジャンルの
二次創作では
受けキャラの方が
攻めキャラに
強く愛される傾向に
あった
しかし私はかねてより
〝攻めより愛が強い受けがいても
いいのでは〟と思っていたので
なぜなら原作に
その傾向が
あるから…
愛の大きさ
攻め＜受け
もちろん
友情として
ですけど…
めそ
めそ
この書き手さんとの
出会いは、私にとっても
衝撃を与えたのだった
なぜ〝いいね〟が
一日一回しか
押せないんだ！
頼む、書き続けてくれ！
貴女の作品がまだまだ
読みたいんだ
ギャア
ギャア

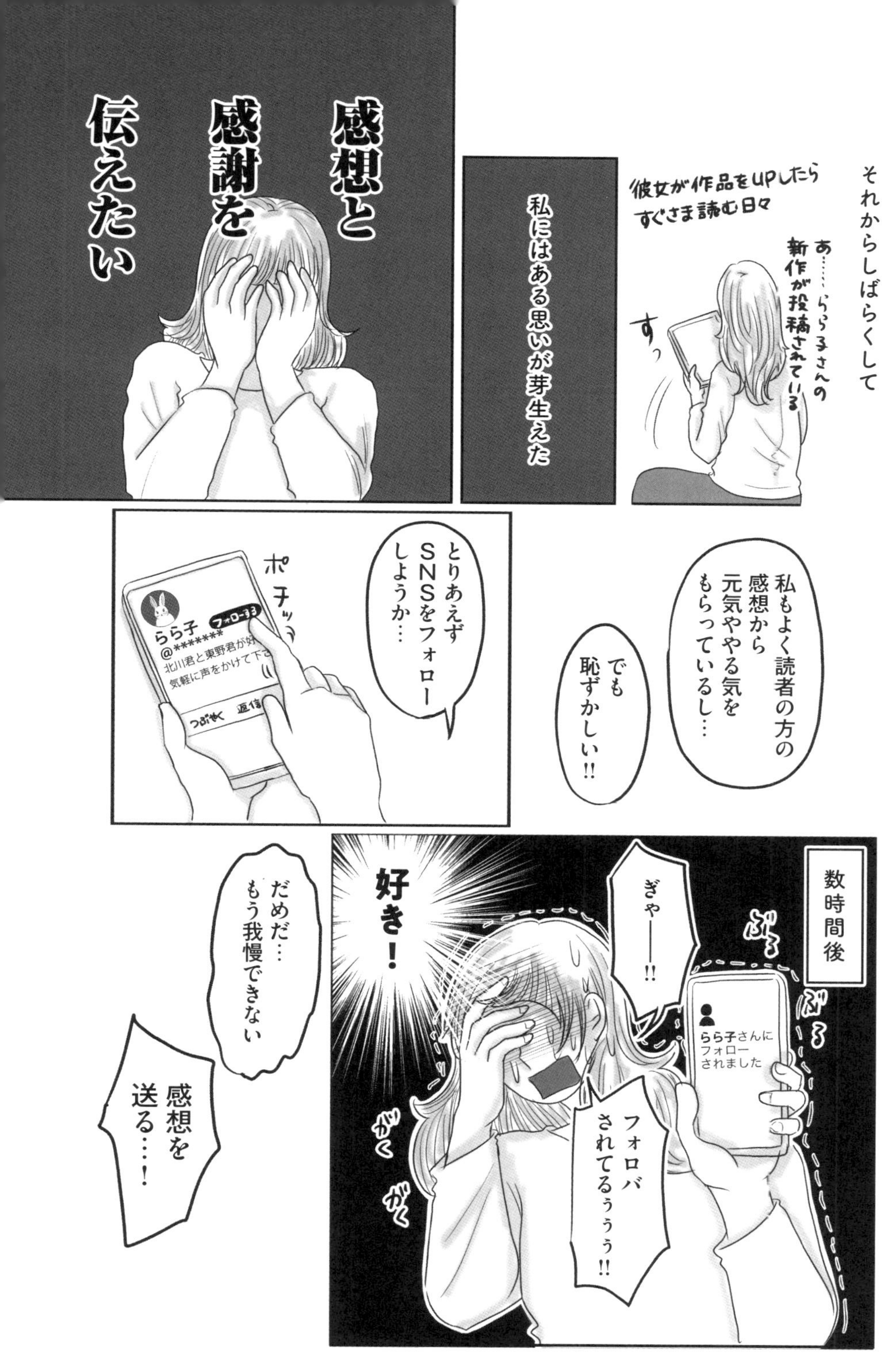
それからしばらくして
彼女が作品をUPしたらすぐさま読む日々
あ……らら子さんの新作が投稿されている
すっ
私にはある思いが芽生えた
感想と感謝を伝えたい
私もよく読者の方の感想から元気ややる気をもらっているし…
でも恥ずかしい!!
とりあえずSNSをフォローしようか…
ポチッ
らら子
フォローする
@*******
北川君と東野君が好
気軽に声をかけて下さ
つぶやく
返信
数時間後
ぶる
ぶる
ぎゃ——!!
らら子さんにフォローされました
フォロバされてるぅぅぅ!!
がく
がく
好き!
だめだ…もう我慢できない
感想を送る…!

できるだけ簡潔に……
できるだけキモくならないように……
タッタッタッタッ
タッタッタッ
タッタッタッ
タタッタタッタッタッ
ずら――――
こんにちは！
はじめまして、
まいと申します。
フォロバありがとうございました!
この前初めて
らら子さんの書いた
小説を読んで、即ファンに
なりました。
らら子さんのように語彙力が
ないので、この感動をうまく
伝えられないのが悔しくて
悔しくてたまらないのですが
もうめちゃくちゃファンです。
最初の作品の東野君と北川君の
かっこよさは、今まで見てきた
作品の中で一番でした。
あれ？これ原作の延長？
なんて錯覚してしまった
くらいです。
う……無理……長文……
結局どこも削れずそのまま送った
更に数時間後
うぎゃ――――！返事来てる～!!
ってめっちゃ長文!!
ずら～～
らら子です
こちらこそフォローとDMありがとうございます。
感想、すっごく嬉しいです
今まで二次は読む専だったけど、今回このジャンルにハマって書きたい衝動が抑えられなくなって、初めて書いてみました
なのでそういってもらえてとっても嬉しいです!
最初の作品は、2人の
私に負けず長文!!
大好き!!
ガバッ
そこから
憧れの書き手さんとDMで文通が始まった
お互いが長文を送り合うのでレシートみたいなメッセージになる
ずらずら
ずら～～

＊イベント＝同人誌即売会のこと

神書き手さんと会って話せるの？
そんなの〝行く〟の一択でしょ！
今まで行ったことないから初心者だけど行くわ！
とうとう会うことに

人生で初めてネットで知り合った人と会うことになった私
仕事で初めての編集さんに会うのとは全然違うな……
ドキ ドキ ドキ ドキ ドキ ドキ ドキ ドキ
行きの新幹線でお互いの服装の画像を送り合う
私はこんな服～
本当に知らない人と会うのか～！
待ち合わせ場所に到着
白いワンピースの女の子…
白いワンピ…
ん⁉
ギョッ

めっちゃ可愛い子がいるんですけど!?
無理!! 死ぬ!! 緊張で死ぬ!!
そそそ…
あ、あ、あ、あ、あ、こんにちはぁ〜… あみちゃん? ですか?
わー! まいちゃん? 初めまして!
ど、どうも〜
あわわわ
どどどうしよう… 緊張する… 帰りたい〜!
…………
じゃあ行こうか
うん
やばい、沈黙が怖い
とりあえず共通の話題を…
あー今週号の北川君 めっちゃ かっこよかったねぇ

だよね!?
私も思った!!
ガバッ
!?
もうあんなかっこいいのに時たますんごい可愛くなるの反則じゃない？てかさ11ページめだったかな？あそこの最後のコマの小さい東野君超可愛かったよね！南田君があそこで出てきてどうなるかなと思ったけど
ベラベラ
ベラベラ
ベラベラ
すごい
あ、そういえばまいちゃん今日どこ回りたい？
待ってる間ルート考えようかなと思って印刷してきたよ！
ドーーン
もう小銭いっぱい用意してきたから重くってさ～
えへへ……
じゅら～
あ、まいちゃん両替しようか？
すごいぞ
この子
めっちゃ可愛くてめっちゃオタクじゃん
好き……
そしてすごく安心する……
ドキンッ
ドキンッ
そういう人に弱い

共感できること多すぎるし
私はちょっと勘弁してって思ったよ～
だよねだよね！東野君はヘタレであってほしかったからさ～
最後尾
そうそう！みんな良いって言ってたけど私は逆～！
じゃああの時は？
ポン
あれはさ～
ポン
分かる！本当そう！
ポン
会話のテンポがすごく合うし
好みも似てるし
私はさ健気に攻めを追いかける愛が強い受けが性癖なんだよ～
あ～良いね最高だね
でもそういう作品って少なくない？
うん、だから私が書こうかなと思って
はい、神
ありがとう、神
あと全然関係ないけど

あみちゃんも野球好きで
好きな球団は別リーグだった
シーズン中気を使わなくて済むね！
ガシッ
そして気がつけば
会ってから10時間以上が経過していた
今日、初対面なんだよね……私たち……
そうなんだよね信じられないことに
あっという間だった
初対面であそこまで気が合うってことあるんだな
やっぱりそうだな
彼女は……

ただいまー！
魂の双子、見つけたど―――!!!
よっしゃあ～
私のオタ友探しの旅は無事終了したのだった
うるさ！怖！何!?
静かにして!!

そして
数年経った現在でも
高校野球友達の
かえちゃんと
あみちゃんとは
仲良し
出会いは共通の趣味から
だったけど
あの時勇気を出して
行動したから
できた友達なんだな…
うんうん
うん
うん
今となっては
その枠を超えた友達
世の中やばいやつが
沢山《たくさん》いるんだから
ネットで
知り合った人と
簡単に会ったら
だめだよ！
後にも先にも
あの時だけだよ～
これからも末長く
よろしくお願いします

ずっとオタク話ししていないので
お忘れの方もいるかもしれないが
そもそも私は物を持たない暮らしを志している女
あんたが捨て王
10年ほど持たない暮らしをテーマにコミックエッセイを描いております
今回はそんな女の
持たない暮らしとオタクグッズ
について描いていきます
オタ活1年生
＜第8話＞
持たない暮らし
と
オタクグッズ
やっほー!
友人たちが我が家に遊びにきた時のこと
お邪魔しまーす!
ようこそ我が家へ~

この二人は私の初めての著書『わたしのウチには、なんにもない。』の頃から
良きツッコミ役として登場していた友人
絵柄はだいぶ違いますが彼女達です 10年間の歴史を感じて下さい
菊池 サブカルオタク
まみ ジャンプオタク
同時期に子どもを産んでお互いバタバタしてると思ったら、いつのまにやらオタクになってたの？
えへへ♡
まみちゃんと菊池にはなかなか会えなかったから驚かせたかもね
でも趣味ができると物増えない？
私、趣味が多いから家の中に物が多いもん
あぁ～菊池はね
せんせーの漫画で〝片付けられない家〟のモデルになるくらいだからね
『ねえ、これ捨ててみない？』の主人公の住む家のモデルは菊池家
その節は大変お世話になりました
でもまいに限って物が増えるとかはないでしょ～
自らを変態って言ってるくらいなんだからさ
〝捨て〟変態ね！一応そこ入れてあげましょ？
……ってなによその顔

……増え……たんだよね……
何が？
変態のジャンルが？
ごめんなさい！
物が!!
増えました!!
ウワァ〜〜
え〜!?
ガラーン
そう？相変わらず殺風景じゃない？
だって！必死に！
収納しているから!!
オタク初期は全くグッズに興味がなかった捨て変態
うんまぁグッズはいらないかな〜
おほほほ〜
しかし何作目かの作品にハマった時事件は起きた
その作品にどハマりし我を忘れた私だったが
相変わらずハマるタイミングが世間より一万歩くらい遅いので
その時すでに周りに同志はおらず！
ハマったジャンルの8割はリアタイできていない女

もっと推しを感じたい……
推し……
推し……
ぷる
ぷる
ぷる
そこの迷える初心者オタクよ…
すっ……
あっ！あなたはオタ神！
そういう時はオタクグッズで推しを感じるのじゃ…
オタクグッズ
ハッ!!
！
天啓を受けた私は早速オタクグッズを探すも
って
ないやんけ!!
この時はアニメも放送終了していたので市場にグッズはほぼなし
ガーンッ
検索結果0件
この時はまだ中古市場は頭になかった
しかし程なくしてアニメの続編がスタート
アイアムラッキーガール！
この状態でアニメがスタートしたらどうなるか
賢明な読者ならお分かりだろう
アニメ放送開始
←
グッズ続々発売
←
飢餓状態に供給量爆増
＝
物欲大爆発
TV
私の心の栄養度
グッズ量
ドッカーン

買える！買えるぞ！
グッズが買える！
ついついグッズを見にお店まで行ってしまった
じーーーん
もちろん葛藤はあった
だって持たない暮らしを理想にして生きてきたから！
でも！可愛いんだもん！
身の回りに推しがいると幸せなんだ！
いや
いや
じたばた
じたばた
捨て変態グッズを持つ幸せを知る
そんな葛藤をSNSで吐露したところ
「その物の増え方は良い増え方ですか？豊かになりましたか？」
とリプライをもらい
目からウロコが落ちた
そうか……
物には幸せな増え方とそうじゃない増え方があるのか…！
ポロ
ポロ
ポロ
ポロ
今、私の心は豊かで幸せ…なら良いんだ！
パア〜
その日から
幸せなら良いじゃないか！
自分できちんと管理できる量なら
お気に入りはどんどん持とうと決めた

そしたら結構すぐに増えた
私のバカ〜〜〜!!
ドドン
人間は愚か〜〜〜!!
グッズの山
グッズの山
グッズ初心者だったことも相まって
あわわわわ
あわわ
目に映る物全てが魅力的に見えた私
最初は特に欲しくなかったとしても
かわいくて草
かわいい
やっと見つけた!
たしかに可愛いかも……?
SNSでバズっているのを見ると気になってしまうし
“持たない暮らし”が理想だったからそれがストッパーになっていたけど
そうじゃなかったら家中オタクグッズだらけになっていたと思う
それにより需要が高まり希少価値が上がったりすると
あ!! SNSで見たグッズだ!!
段々欲しくなってしまう

それでもまぁいろいろ買ってしまったのだけど
一通りやってみて分かった自分のグッズの傾向は
〝一緒に持ち歩けるもの〟に激弱
推しと一緒におでかけするのがたまらなく好きらしい
ポーチやアクキー、小さいぬいぐるみなど
バッグを開けた時に
推しがチラ見えするのがたまらん
パカッ
ちらっ
また、以前イベントで見かけた痛バッグに憧れがあった私
私もやってみたいけど
ちょっとまだ恥ずかしさがあるなー
……チ…
ボソッ
え……？何ですか？オタ神様
また来たの
……ポーチ、良くない？
ポーチ！
確かにポーチならひっそりと楽しめるし
缶バッジの量も少なくて済むし飾るセンスのハードルも低そう！

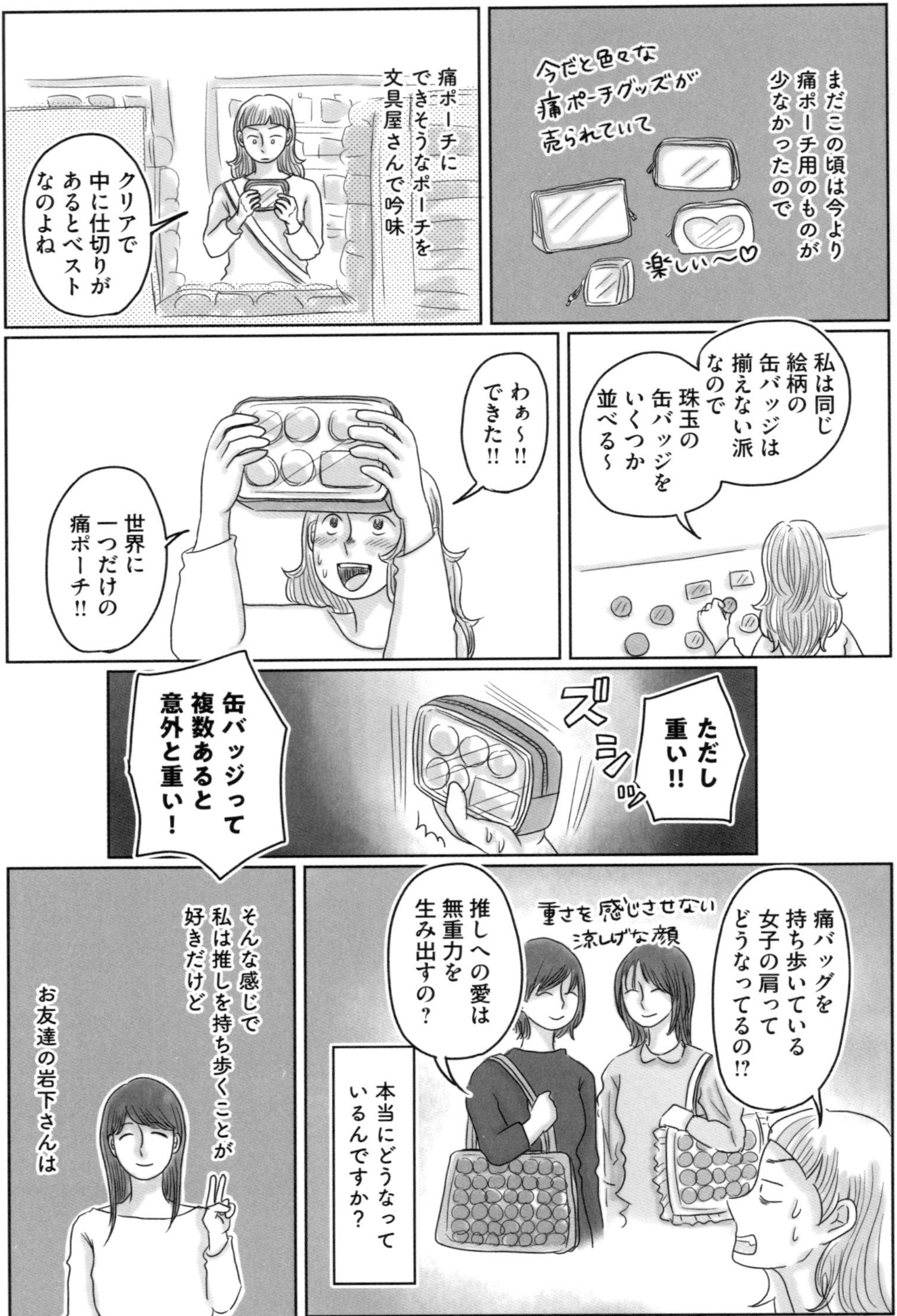
まだこの頃は今より痛ポーチ用のものが少なかったので
今だと色々な痛ポーチグッズが売られていて
楽しい〜♡
痛ポーチにできそうなポーチを文具屋さんで吟味
クリアで中に仕切りがあるとベストなのよね
私は同じ絵柄の缶バッジは揃えない派なので珠玉の缶バッジをいくつか並べる〜
わぁ〜!!できた!!
世界に一つだけの痛ポーチ!!
ただし重い!!
ズシッ
缶バッジって複数あると意外と重い!
痛バッグを持ち歩いている女子の肩ってどうなってるの!?
重さを感じさせない涼しげな顔
推しへの愛は無重力を生み出すの?
本当にどうなっているんですか?
そんな感じで私は推しを持ち歩くことが好きだけど
お友達の岩下さんは

ちょっと不思議なグッズに弱い
不思議じゃない！
不思議なグッズほどツボに入るらしい
謎の言葉がびっしり書かれている湯呑み
なんかちょっと怖いアイマスク
推しの好物をふりかけにしたもの
推しの好きなモチーフが浮き出るライト
刀型のライト
見て、何とも言えない造りのフィギュア買った
逆に可愛く見えてきた〜
名前は“ぶちゃいく”
絶妙にパースが崩れたフィギュア
あとはとにかく食器に弱い
推しの湯呑みやマグカップが出ると買いがち
すぐ買っちゃうんだよね
この前、母親の寂聴さんの湯呑みと私の某六つ子のカップがドッキングしちゃって
よりによってまさかその二つかよ……
全然取れなくて重なったまま使うか、割るかの2択を迫られて大変だった〜
どうするのよ!!使えないじゃない!!
あちゃ〜
本当だァ〜
煮たら外れるってネットで見たからやったけどダメで
中性洗剤を流し込んでもダメで
最終的に母親が湯呑みとカップの間にバターナイフを差し込んで無理矢理外した
ガッ
最終的には物理の力で勝利
置くスペースないからって重ねすぎちゃダメね
まぁうんそうね……

オタクには推しの"概念グッズ"もある
グッズは公式グッズだけに非ずだよ、せんせー
ほう…
推しの担当カラー、髪や目の色、推しの好きなもの、似ている動物やその他モチーフなど
推し
推し
グッズになった時、推しは自分の色着がち
動物は推しの容姿とか性格とかで連想する。
こういうオタクの発想力は本当に凄い。好き。
二次元キャラはリアルな世界ではちょっと難しいキレイな色の髪や瞳が楽しめるので良い
推しを彷彿させる要素のあるグッズを概念グッズという
色攻めしがちな東さん
私はもともと好きな色が紫だったんだけど
推しの担当カラーも紫だったから
髪は紫じゃない（残念…）
スマホケース紫
メガネも紫
ストラップも紫
トップスも紫
ボトムスも紫
バッグも紫
気を抜くと紫一色になる日もある
ドルオタの高谷さん
推しの好きなサン●オキャラ集めがち〜
私は別に好きじゃなかったけど推しが好きだと好きになってくる〜
←オタクあるある
某刀に囚われた将軍
最近買ったグッズねぇ…
グッズではないんだけど
お香かな…
将軍という名をあだなに持つ女→
お香!?

推しが奉納されている神社のお香なんだけど
なかなか手に入らない貴重なお香でさ
すんごい良い香りなんだけど香りがなくなるのが怖すぎて
こうパフパフってしてして
ビニールの隙間から推しの香りを嗅いでる
パフパフ
しょ、将軍…
谷口さんは万年筆マニアでもある
万年筆界隈は概念の宝庫である！
胴軸を推しの概念で選び
インクも推しの概念で選び
推しの曲のタイトルと同色のインク
推しのライブのツアータイトルを連想させる胴軸の色
そんな万年筆で書くことは
日々の食ったものの記録!!
そんなねぇ、大して書くことなんてないのよ人生
分かるよ

自分にしか分からなくてもいい概念グッズ
赤と青だ！これは〇×△のグッズに違いない！
腐女子、好きなCPのカラー混ぜがち
違うよ
自己満だけど持ち物ひとつひとつに〝理由〟が生まれるので楽しい
そんな楽しみのあるオタクグッズだけど
卒業を迎えることがある
ある時、ふと気がつく
……なんか増えたな？
私は一夫多妻制ならぬ一オタ多推し制
新たに好きな作品が増えても
今まで好きだった作品に飽きることはあまりなく
いつまでも愛し続けるタイプ！
推し
一オタ
推し
推し
推し
推し
しかし一定量グッズを集めると、途端に冷静になる
作品は大好きなままなのに
買い集めたグッズが多すぎると整理したい欲が出てきてしまう！
好きになり始め期←グッズ収集期←グッズ以外で推す期
第三フェーズに突入だ！
ダダダダダダ

最初はこんな心境の変化に戸惑った
作品への愛は変わらないのになんでグッズの量を負担に感じてしまうの…？
さめざめ
さめざめ
私はサイコパスなの？
いやいや、まいちゃん
君、結婚指輪が届いた瞬間、同じ用途のものは不要だっつって
ぐすんっ
それまでつけてたペアリング捨てたじゃん
!!
そうだ、私は捨て変態
グッズは今までたくさん愛でた
そうか……役目は終わったんだ……
持たない暮らしを志している者としては

この心境の変化を見過ごすわけにはいかない
グッズの捨て祭じゃ――!!
ということで捨て変態の捨て変態による捨て変態のための捨てレッスン
私がよくやるのは〝妄想ショッピング〟
まず一度グッズを全部集めてきて そのグッズを〝全部捨てちゃった!〟とする
仮想ゴミ箱空間
そしたら床に並べたそのグッズで一転
中古グッズ販売店をオープン!!
これは絶対もう一度買う!
と思える物はそこから取り出す
他にもフリマアプリで見つけたら
ぎゃ!出品されている!
絶対買い戻す!
ってなるよなこれは
なんて思うものも自分の手元に戻す

そうして
どんどん間引いていくと
ポツン…
不要なグッズが
残るということに
はい捨てるって
という感じで
あっさり手放せたら
いいんですけど
なかなか
できない日もある
だって
愛する推し
だから……
手放す決心が
つかない時は
なぜ絶対に
買い戻すとは
言い切れないのか
考える
例えば
アクリルスタンド
持ち歩く時
ちょっと重い
心のどこかで
このグッズの
イラストを
気に入っていない
オタクなら
持っていないと
いけないと
思っていたけど
本当はいらないかも
そうやって考えていくと
案外あっさり手放す
決心がつくことも多い
今まで
ありがとう……
捨て活ポイント
“推しだから”という
理由で思考を停止しない

そうして不要になったグッズは 状態がよければ 売って手放すこともあるけど
大体のグッズは 旬を過ぎたら 二束三文なんだよね
だったら持っていても いいかな〜なんて 思わなくもないから困る
けど心を 鬼にして！
新しいグッズを 迎え入れるためにも！
ゴゴゴゴ〜
あ…… このポーチ
手に入れるの 大変だったたん だよな……
なかなか売って なくてさ…
みんなに お願いして 必死に探したっけ
頼りになるオタク同士の 激アツ情報網
欲しがってた グッズ、〇〇に 売ってたよ！
代わりに買っとく？ 大丈夫？
目撃情報があったら 即向かってGET しに行く フットワークの 軽さが大事
いけー！ 突撃 じゃー!!
……
ゲームセンターなどの プライズ商品だと ゲームが上手い人が 崇められる
高谷さんの だんなさんが 上手い
ありがたや〜
ハハァ〜
捨て活に 立ちはだかる 思い出たち

フリマアプリやネットなどで中古市場での相場を調べて判断することも
買い取り価格
やっぱりみんなも苦労したのか値段は高めだ…
中古のグッズは質より需要と供給で価値が決まるらしい
そう思うと手放すのは惜しいな～…
はぁ～
何度も出てくるトラップ
でも自分の中で〝手放そうか〟とチラついてる時点で
本当の心は決まっているよな…？
グッズの要不要はとにかく客観視することが大事
大体のグッズはそのジャンルにいるオタクにしか価値が分からないものだからね
とにかく冷静になって考えること！
希少価値や手に入れた時の思い出その他＋αで価値が変わるからグッズって面白いなと思う

そして最終的に
誰が何と言おうと価値がどうだろうと
私にとっては大事だから絶対捨てない！
と思えるグッズだけ残ればゴール
私は腐女子でCPで推すことが多いから
ついついセット買いしちゃうんですよ
そうなるとどんどん増えていくから！
マジでキリないから！
×2で増殖するグッズ
ぐったり
私はグッズの量＝推しへの愛とは思わないタイプだけど
それでもグッズの捨て活は他の捨て活よりも時間、体力、気力を使います…

ちなみに私は落とし物を
することが非常に多いので
落としん坊
大事なグッズほど
ストックを買うクセがある
ポロ
ポロ
が、
そういうものほど
落とさない
ストックがあるグッズほど落とさず壊れずなの、なんで!?
ストックは当然新品状態
大切なグッズほど仕舞い込んでしまいがちだけど
旬のうちに使わないともったいないよね…
とまぁ
こんな感じで
グッズは増えたり減ったりしながら管理してるわ

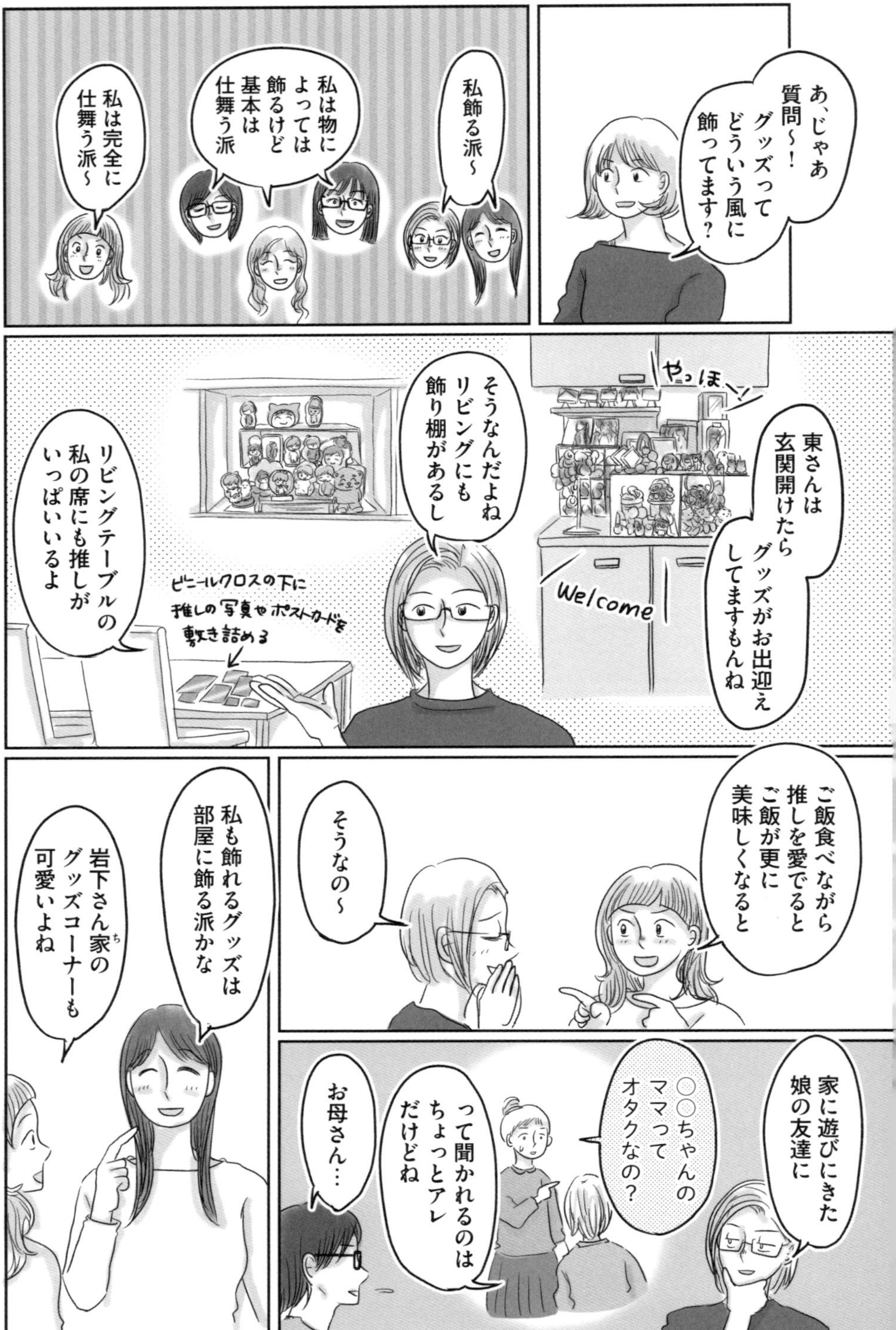
あ、じゃあ質問〜！グッズってどういう風に飾ってます？
私飾る派〜
私は物によっては飾るけど基本は仕舞う派
私は完全に仕舞う派〜
やっほー！
東さんは玄関開けたらグッズがお出迎えしてますもんね
Welcome
そうなんだよねリビングにも飾り棚があるし
リビングテーブルの私の席にも推しがいっぱいいるよ
ビニールクロスの下に推しの写真やポストカードを敷き詰める
ご飯食べながら推しを愛でるとご飯が更に美味しくなると
そうなの〜
私も飾れるグッズは部屋に飾る派かな
岩下さん家《ち》のグッズコーナーも可愛いよね
家に遊びにきた娘の友達に
◯◯ちゃんのママってオタクなの？
って聞かれるのはちょっとアレだけどね
お母さん…

ぬいアパート作ったり
あとは実用的なグッズが多いから
使っている日用品がグッズだったりするよ
枕元のコーナーに刀のライト
災害時にも安心だね!
アニメモチーフのコロコロ
それからポスターは弟の部屋に飾ってる
なんで弟くんの部屋に!?
弟、一人暮らし始めてからあんまり実家に帰ってこなくてさ
で、私の部屋はリフォームしたばっかりだから壁に穴開けたくなくて
じっとポスターを見る
でもポスターはせっかくだから貼りたいじゃん
だから貼った弟の部屋の壁に
いや貼るなよ
そうはならんやろ
実家の自分の部屋に帰ってきて一ミリも興味ない作品のポスターに囲まれる弟の気持ちにもなってみろよ~…
……
大丈夫、弟何も言ってこなかった
それにいいの、私お姉ちゃんだから
<長女のみなさま>
分かる姉はそう
うんそう
姉~!!
私も姉だけどそんなことしないぞ

グッズはクローゼットに置いてるの？
うん
ここに仕舞える分だけにしてる
根性で
なるほど根性論
今はこのケースに収まるだけになったけど
無印良品のポリエステル麻ソフトボックス
グッズ収集期に入ると軽くこの倍はいくかな
グッズ量がMAXだった時の収納方法
一番持っていた時は収納箱を複数使って保管してたよ
無印良品の重なる竹材長方形ボックスが凄く良かった～
グッズの種類別に収納
缶バッジとかアクキーとか
イベントのタオルとかTシャツとか
ぬいとかドールとか
いついかなる時も私のグッズ収納のコンセプトは“収納しながら飾る”こと！
同じシリーズのフタをして重ねて収納
底に両面テープでキャスターを貼り付けると移動が楽～

この収納方法だと
普段は仕舞っておいて
愛でたい時は
出してきて
広げれば
コロコロ～
さっ
さっ
いつでも
グッズと
対面できる！
今はこれだけだから
パカッと蓋を開けるだけ
パカ
定期的に
開けては
眺めて楽しんで
いるよ
幸せそうで
何よりです
うふふ♡
捨て変態にとっても
グッズは沼

だー
びょびょびょ
ばっ
うぅ

わい
わい
わい
わい
お待たせ致しましたー
どうもー
わーい
ご注文はお揃いでしょうか
ぺこ
ぺこ
ごゆっくりどうぞー
がさ
ごそ
がさ
ごそ

オタ活1年生 ＜第9話＞ オタクとぬい撮り

ぬい撮り…
それはお気に入りのぬいぐるみを添えて写真撮影すること
外食先や旅行先でぬいぐるみと一緒に写真を撮ることでより一層良い思い出になる
とはいえ我々オタクの"ぬい撮り"はただのぬいぐるみと撮るのではない
要は"推し"と写真を撮るのである
ぬいといっても種類は様々
[推しのぬいぐるみ]
公式がグッズとして出したぬいを可愛がる人もいれば
自作する人もいる
ゲームセンター限定のぬいはゲットするのが大変……
普通に買わせてくれよ!
色んな形のぬいがある〜
[推しのフィギュア・ドール]
頭部や関節が動かせる頭身が低いフィギュア(ドール)
オビツボディ11(オビツ製作所)
ねんどろいど(グッドスマイルカンパニー)が有名
シュッとしたスタイル☆
ちょっと背が小さく可愛らしいスタイル
着せ替え人形のように遊べるので服や靴、小物選びでめちゃくちゃ沼る(超絶楽しい、でもお金もかかる、けど楽しい)
[推しのアクスタ]
推しのアクリルスタンドと写真を撮るオタクも
アイドル沼や2.5次元俳優沼のオタクに多い
傷付きやすいのでアクスタケースに入れて持ち運ぶ
そんなぬい撮りにもちろん私もハマっている

最初はSNSを見るだけで満足していた
同じキャラのドールでも
一緒におでかけしたよ
おでかけスナップから
ストーリー仕立てでのものまで色々ある！
持ち主によって全く違う世界観になっているのがとても素敵
そんな時
ドール沼にハマったから誰か仲間が欲しいな〜
じっ……
鴨
手取り
足取り……

私の推し達のドール
かわ…かわ…かわいい
いやぁ〜良い仕事をしたなァ〜
ずぶずぶ〜
今まで猫か息子の写真しか撮らない人生だったけど
おでかけの時に推しと撮る楽しみを知った

[推しとの旅行は倍楽しい]
ある年のお正月
今年の初詣は明治神宮だよ〜
いい?
いいよ
周りも大丈夫?
いいよ〜

ささっ
パシャッ
いやー いい写真が 撮れたなぁ
……
戻し
戻し
ん? どうしたよ?
……今さぁ
隣にいた海外の 旅行客っぽい子たちが びっくりして まいちゃんを見てたよ
え、マジ?
は、恥ずかし～
ん!?

あぁ〜！ジャパニーズオタクカルチャーを教えてしまった〜!!
ゔわぁぁ〜!!!
うわぁ〜ん♡
うわぁ〜〜♡
知らないうちに異文化交流
なんてことがありまして
編集さんと打ち合わせ兼焼肉
えへへ
へ、へぇ〜！
ちょっと引きつった顔
担当編集：三宅さん

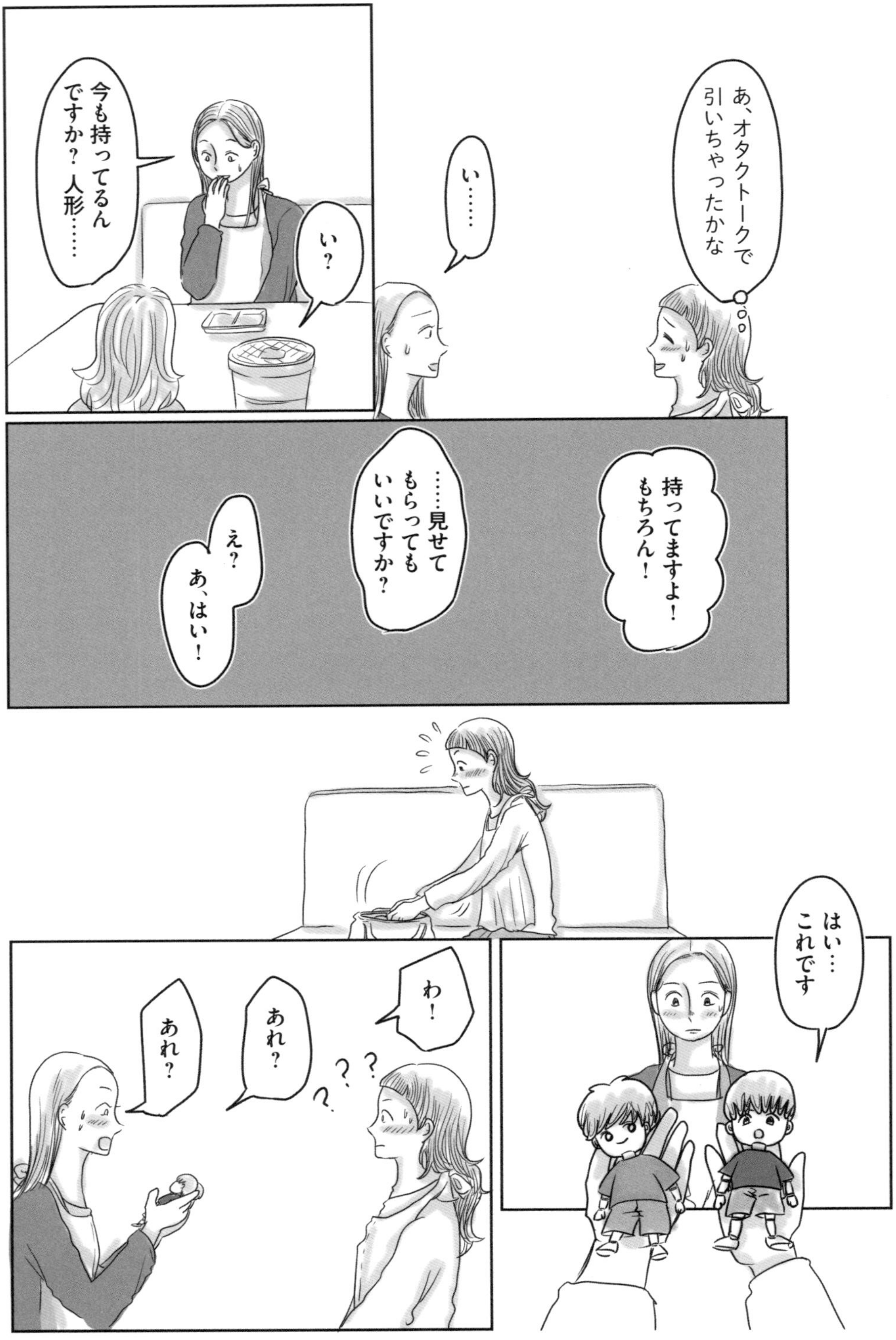
あ、オタクトークで引いちゃったかな
い……
い？
今も持ってるんですか？人形……
持ってますよ！もちろん！
……見せてもらってもいいですか？
え？あ、はい！
はい…これです
わ！
あれ？
あれ？

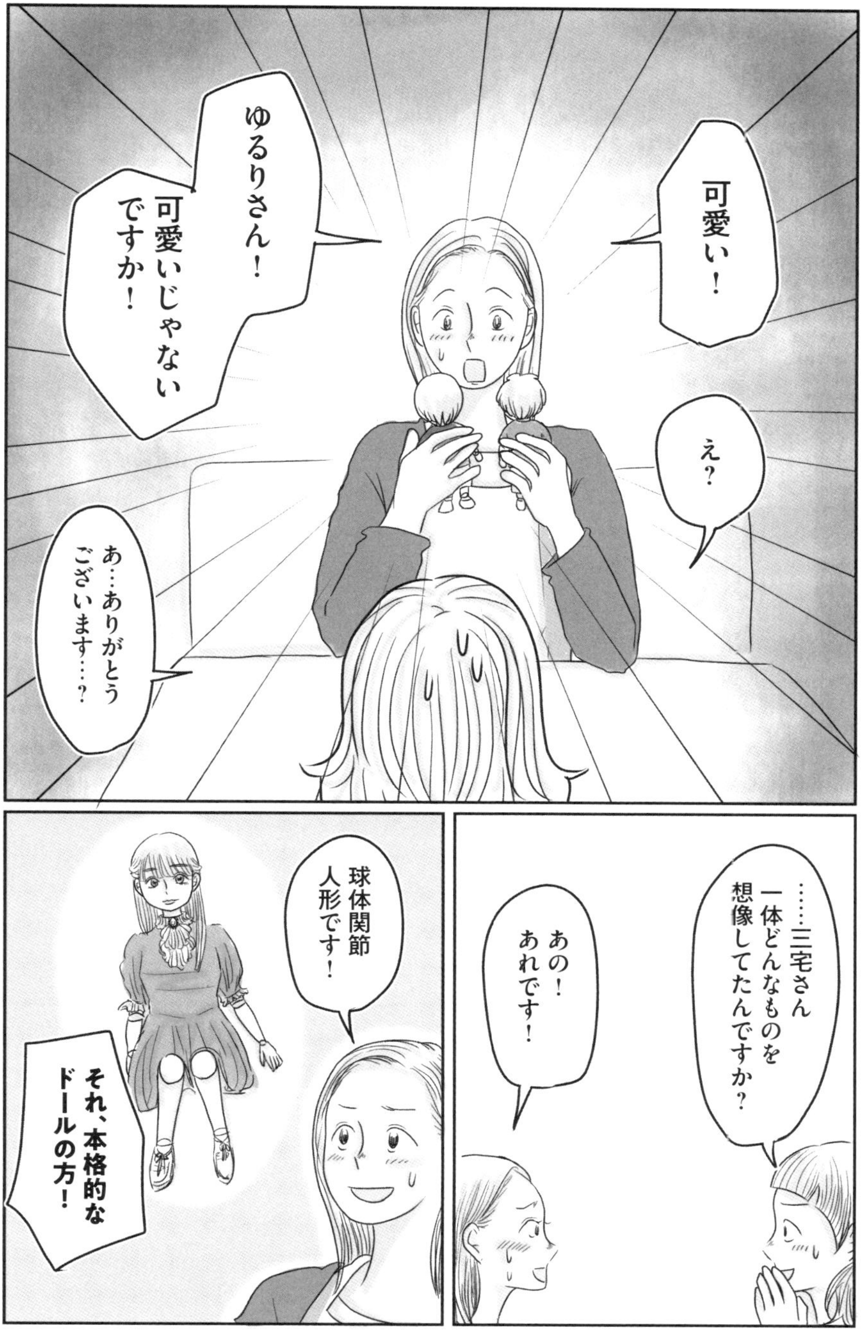
可愛い！
え？
ゆるりさん！可愛いじゃないですか！
あ…ありがとうございます…？
……三宅さん一体どんなものを想像してたんですか？
あの！あれです！
球体関節人形です！
それ、本格的なドールの方！

先日、街を歩いてたら、男性が綺麗なドールの写真を撮っているのを目撃して…その印象が強くて…
あんなに大きくて本格的な
お人形を持ち歩かれているのかと……
あぁ～それであの表情か…
わ！すごーい！ゆるりさん！
関節動きますよ！こんなに小さいのに！
すごいです！
コキ
コキ
コキ
ザ・一般人の反応を目の当たりにして新鮮な気持ちになるオタク
その後も会うたびに
ゆるりさん丸の内の焼肉屋で……
くくく……人形を…
めっちゃツボる担当編集
ハッ！そうか！

そうですよ
ゆるりさん！
今度の漫画の
テーマはオタ活に
しましょう！
私のオタ活で
いいんですか⁉
で、この漫画が
誕生したのであった
［ぬい撮りと家族］
母もまた、オタク文化とは
遠い一般人なので
最初は
え、あんた
人形と写真
撮るの…？
→恥ずかしそう
でも最近では
←写真に入らないよう
動かないでいてくれている
無
パシャッ

息子はもう
そういうものだと
思っているので
ママ、撮らなくていいの？
僕のウルトラマンとも撮っていいよ
すっ
ありがとう……
ぬい撮りを
当たり前の文化として
とらえてしまっている節がある
そして
最大の被害者であり
理解者でもあるのが
この人
夫つとむ
ある年の春
夜桜が綺麗だから見に行こう！
わーい行くー
僕、ばぁばと留守番～
ふる
ふる

図らずも
デートになったね
そうだね〜
………
キョロ
キョロ
あ！あの辺
撮りやすそう！
絶対ぬい
持ってきてると
思ってたよ
パッ
今日は人形
じゃないんだね
私すぐ何かしら
落とすからさ〜
夜は怖くて
ドールは持って
こられないよ
本日は
ぬいちゃん

うーん
上手《うま》く撮れないなぁ
…僕が持っててあげるからまいちゃん撮りなよ
え！いいの!?
ありがとう！
パシャッ
うーん……
どう？
持ち方に愛情が感じられない
え!? 愛情!?
もっとさ大事に持ってほしいんだよね
……分かった
じゃあ僕が撮るからまいちゃん持ちなよ

ぶれ
ぶれ
パシャッ
どう？
…………
まぁ写真はもういいか…
ま、待って！待って！待って！待って！
こうしよう！
僕！
バッ
人より腕が
長いから！

わぁ！これ！
めっちゃ便利！
それ！そこで撮って！
いい年してすごくイチャついて写真撮ってると思われてるんだろうな～
撮ってるのぬいぐるみなんですけど……

うう……
つとむ……
不憫すぎる……
なかなかいねぇよ
そんなことしてくれる夫……
その後二人でも
写真撮りましたよ！
絶対ついでだよ～
この人絶対ついでに
撮ったよ～
すっかりせんせーも
ぬいの世界に
ハマりましたね
はい
おかげさまで！
推しと思い出の写真を
撮るのは楽しい～!!
谷口さんは
ぬいの洋服づくりに
までいってますよね
岩下さんも
せんせーも
一緒に洋服
作ろうよ～
無理無理
不器用だから

岩下さんは家を作るのが好きだよね
うん、自分の部屋に推したちのアパートを作るのが好きなの
将軍はもはやぬいを自作してたね
ぬいぐるみの骨みたいなものを
中に入れると
コキコキ動くよ
推しのぬいがないから自分で作るしかないらしいよ
せんせーは推しを持ち歩くのが好きだね
そう、推しと一緒に出かけるのが好き
高谷さんはドルオタだからアクスタと写真撮るのハマってるしね
高谷さんの推し
まぁ私らみんなぬい撮りするししない人も肯定的だから恵まれた環境だけどさ
この前〝ぬい撮り〟で検索したら
サジェストが〝怖い〟〝キモい〟〝痛い〟だったわ
ヒィ!

ぬい撮りについては定期的にネットでも※学級会が行われてますしね～
※ネット上で大論争すること
いい年してって思われてるんだろうな～
TPOを考えずぬい撮りとか
公共の場所の推しのパネル前で
大量のぬいを並べるとか…
そうよね……周りの迷惑にならないように配慮は大事よね
あ、この前夫の実家に行った時久しぶりの旅行で我慢できなくて
せんせーまさか……
お義母《かあ》さんたちに
私、今ぬいぐるみと写真撮るのにハマっているんですけど
どうぞ気にしないでください
って言ったら
あら～随分可愛い趣味ができたのね～
ディズ○ーとかで見るやつだ～!!
って最初はちょっと驚いてたけど

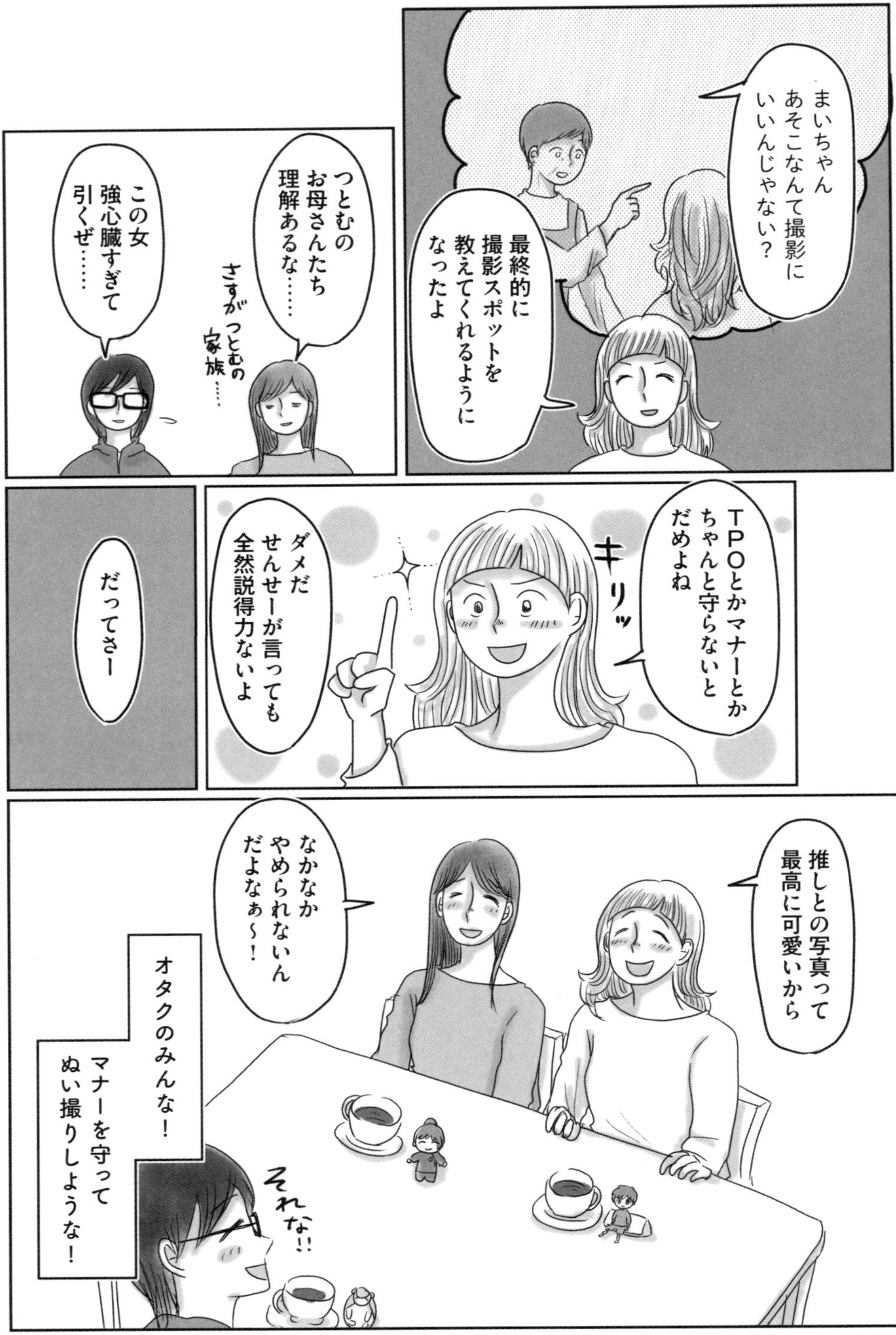
まいちゃん
あそこなんて撮影に
いいんじゃない？
最終的に
撮影スポットを
教えてくれるように
なったよ
つとむの
お母さんたち
理解あるな……
さすがつとむの家族……
この女
強心臓すぎて
引くぜ……
TPOとかマナーとか
ちゃんと守らないと
だめよね
キリッ
ダメだ
せんせーが言っても
全然説得力ないよ
だってさー
推しとの写真って
最高に可愛いから
なかなか
やめられないいん
だよなぁ～！
それな!!
オタクのみんな！
マナーを守って
ぬい撮りしような！

私たちの中で毎年恒例の行事がある
それは
推しと私の真ん中バースデーである
Happy Birthday!!
推し
私
オタ活1年生〈最終話〉
推しと私の真ん中バースデーパーティへようこそ
ある年のこと
私、もうすぐ誕生日じゃないですか
そうですね～お祝いしないと
実は私の最推しがその2日前に誕生日なんですよ
最推し
あらまぁ
そしてそしてなんと……
別の推し二人も同じ誕生日なんですよ
キャア!!
推し
推し
なんやて!?
あらまぁ!?

つまり推しが3人とも同じ誕生日ってこと!?
奇跡じゃないですか！
そうなんです！奇跡なんです！
ワァ
ワァ
ワァ
オタクすぐ奇跡を感じがち
この日は私
木
金
土
推し
私
その2日前は推したち
つまり間の日が推しと私の真ん中バースデーだと気がつきまして
ここが真ん中バースデーだ!!
ま、真ん中バースデー………
久しぶりにその単語を聞きましたよ……
……でも
その年は岩下さんと二人で推しと私の真ん中バースデーを祝う
お祝いしないと
ありがとう……
いつもこういう時に付き合ってくれる人

次の年
ねぇねぇ 岩下さん
今年も推しと私の真ん中バースデーを祝いたいんだけど
一緒にケーキ食べに行きませんか？
いいよ～
なにそれ？
かくかくしかじか
推しの生誕祭はよく聞くけど
推しとオタク本人の真ん中バースデーは初めて聞くわ
確かにキャラ同士の真ん中バースデーはありますけど本人とは珍しいかも
うん うん
でもいいね 面白そうだから参加する
えー私 隣のテーブルから眺めてるね
しーん……
な、
なによ…

どうせなら パーッと みんなでお祝い しましょうよ
……分かったよ
やるなら 本気で
推しと私の真ん中バースデー ~やるなら本気で~ の開催が決まる

当初の予定は 美味しいケーキを 食べに行くだけ だったが
いつしか会場は カフェから 我が家に 変更され
ゆるり家
当日
こんにちは~ 手伝いにきたよ~
将軍 ありがとうー!
ってわぁ!!

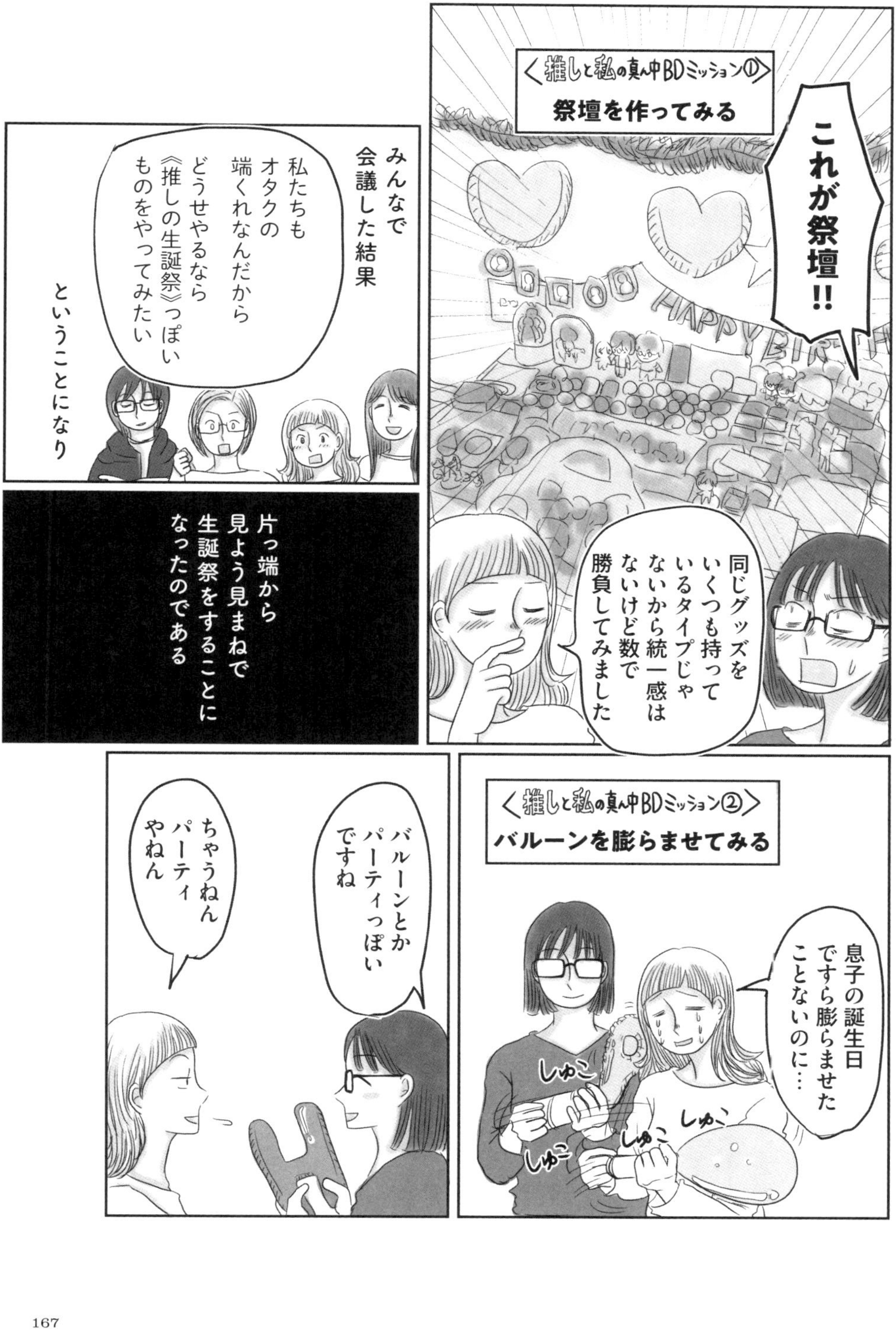

〈推しと私の真ん中BDミッション①〉
祭壇を作ってみる
これが祭壇!!
HAPPY BIR
同じグッズをいくつも持っているタイプじゃないから統一感はないけど数で勝負してみました
みんなで会議した結果
私たちもオタクの端くれなんだからどうせやるなら《推しの生誕祭》っぽいものをやってみたい
ということになり
片っ端から見よう見まねで生誕祭をすることになったのである
〈推しと私の真ん中BDミッション②〉
バルーンを膨らませてみる
息子の誕生日ですら膨らませたことないのに…
しゅこ
しゅこ
しゅこ
しゅこ
バルーンとかパーティっぽいですね
ちゃうねんパーティやねん

＜推しと私の真ん中BDミッション③＞
飾りつけしてみる
私、お花作ってきました！
岩下ぁぁぁ〜!!
わー！パーティっぽい！
いや、ぽいじゃなくパーティだよ！
それにしても…
ドーーーン
Happy Birthday
いつものせんせー宅とは思えない物の多さに脳が混乱している
私もこんなにグッズを持っていたことに驚いていますよ
HAPPY BIRTHDAY
この年、私は人生で最高の量のオタクグッズを所有していたため祭壇が作れた

＜推しと私の真ん中BDミッション④＞
推したちのアニメを流し続ける
さぁ、会場のBGMはこちらですよ
強制的に推しを摂取してもらいますからね
オタクのパーティって感じがしていいね
いや、うん だってオタクのパーティだから
＜推しと私の真ん中BDミッション⑤＞
バーレルのチキンを食べてみる
はいはい、こちらも買ってきたよ〜
わあ！これぞパーティ飯！
そんでもってこちらも〜
シャンメリーとバーレルが奏でるパーティ感は最高！
＜推しと私の真ん中BDミッション⑥＞
シャンメリーも飲んでみる
なおシャンメリーは
ギャハハハハ
ギャァァァァ〜!!
将軍〜!!
開栓する際に盛大に吹きこぼれ、パーティ慣れしていない私たちに洗礼を浴びせてきた

っていうかこれ生誕祭というよりクリスマス会では？
あ！だめですよ言っちゃ！
はい、パーティ！
どっちもパーティ！
そ、それとっ
……せんせーの注文してたケーキも取りに行ってきましたよ
出来上がったケーキの確認がまぁ恥ずかしくてね
＜推しと私の真ん中BDミッション⑦＞
ホールケーキも注文してみる
こちらの文章でよろしいでしょうか？
【推しと私の真ん中バースデー♥20XX】
推しと私の真ん中バースデー♥20XX
あ、はい

多分大丈夫だと思います～
多分～
全力で醸し出す「頼んだの私たちじゃないんで」感
なんでよ！堂々と取りに行ってよ！
いや～
なんか本当パーティっぽいね
そうだね、本当にパーティみたい
だからパーティなんだけどなぁ!?
まぁでも
これで終わりじゃないんで
お遊びはここまでよ！
くわっ
え？

これ
つけてもらって
いいですか？
徹夜して
作りました
て、て、手作りの
推しお面…
略して推し面!!
推し③
推し①
推し②
〈推しと私の真ん中BDミッション⑧〉
推しを召喚してみる
生誕祭で本人？を
呼ぼうとすること
あるんですかね？
これ着て
これつけて
ください
推しの
担当カラーの
Tシャツ
誰が誰役を…
私どのキャラもよく
知らないんですよね
じゃあ私
このキャラ
知ってるから
推し②で
東さん、一番背が
高いから高身長のキャラ
の推し③で
え、そんな
理由!?
私、撮影係
やりますね〜
さりげなく
逃げる将軍
じゃあ
僭越ながら
わたくしめが
せんせーの最推し①様を…
むすび

……我が家に
ずーーーん
……我が家に
推しがいる……
ではあの……
岩……
じゃなかった……
照れ照れ
最推し様
私にプレゼントを
渡してもらっても
いいですか？
え、あ、はい
最推しのグッズのネックレス
せんせー……
自分で自分への
プレゼントを……
どんなポーズで
渡したらいいですかね？
？？？
真面目すぎるよ
岩下さん！
いや、やるからには
解釈違いは避けたい
ので
解釈違い……
推しはこういうポーズしますか？
うーん
それより

……これ
ドキドキドキドキドキドキ
ありがとうございます!!
ありがとうございます!!
ありがとうございます!!
やるよ
若干イケボ
ぎゃーーー
おめでと
わぁ
パチ パチ パチ
<推しと私の真ん中BDミッション⑨>
推したちに囲まれて記念撮影してみる
あーいいですねー
すごくいいですよー
パシャ
将軍のアングルが本気すぎるんだよなぁ

ぬいは撮るけど
人間同士の写真は
ほぼほぼ撮ったことのない
私たちの
貴重な集合写真に
なったのだった
推し②
推し①
推し③
HAPPY BIRTHDAY
但し私以外覆面
パーティは無事終了
げっそり……
うふふふ
はっ!!
そそくさ
片付けまでがパーティだわね
家族が帰ってくる前に片付けないと
そそくさ
家が通常に戻るとパーティもまるで夢だったかのよう…
ピカーン
どれ、SNSでも見るか〜

ぐっち@guccc■chi
何故我々は
本気を出してしまったのか
HAPPY BIRTHDAY
ひがし@nya●san
それな
イワゴウさん@iwag●-san
ほんとそれ
ほんとそれな…
ありがとうだよ……
最高に楽しい思い出になりました
それ以来、推しと私の真ん中バースデーは恒例行事となったが
毎年こんなに全力でなんてやっていられない
という真っ当な理由から
うむ
うむ
静かに集まり、静かに何かを焼き、静かにケーキを食べるお祝いが続いている
ホットサンドの年
お好み焼きの年
たこやきの年
…こ、こちらの文章でよろしいでしょうか
はい……多分OKです
そしてケーキの辱めも受ける

え～ 今年もまた
真ん中バースデー パーティに お集まりいただき ありがとうございます
そんな こんなで
私もすっかりオタクに なりまして
趣味を見つけたことで、人生が数倍面白く なりました
これも 付き合ってくれている みんなのおかげです…！
本当にありがとう ございました！
あれ？ なんか終わり？
最終回的な感じ 醸し出そうと してる？
まぁ… そうですね
ここまで 走り続けてきて だいぶ落ち着いて きたかなって
甘い！

オタクの道は険しくはないけど、浅くもない！
一寸先は沼!!
終わろうと思ったって気がついたら別の沼に足を踏み入れている、それが
オタク道！
え？え？え？
今日も私は世界の片隅でオタ活に励んでいる
ひぇ～!!
世界中のいろんなオタクに愛を込めて
完

# 描き下ろし漫画『その後のオタク道』

あら、じゃあ
私のハマってる
ジャンルプレゼン
しよか？
呪術なんちゃら
プレゼンボード
ダメだ
私の心のアンテナが
ぴくりともしない
えぇー？
なんでー？
私のジャンルも
いいよ！
声優さん
めちゃくちゃ
いるコンテンツ
………
私のジャンルも
人がめっちゃいるから
誰かしら刺さるん
じゃないです？
刀がたくさん
イケメンもたくさん
………
まぁこうなる
とね
プレゼンされても
人間なかなか
ハマらないもん
ですからね
こくり。
………
オタクの集団に
いるのに
相変わらずお互いの
ジャンルにはハマり
合わない私たち

このオタ活漫画を描いている最中
私は特に何にもハマらずにせっせと仕事をしていた
オタ活漫画を描いてる人間が……聞いて呆れる…
すでにハマっているコンテンツを大事に愛でて穏やかな時を過ごす
コンテンツ
そんなオタ活ライフもありよね…
こうして
私のオタ活人生も終わるのか～
……ば
……ば
………？
ば…
……ば？

ばっかもーーーーん
ちゅどーーーん
お前はもう
わなわな
え？
え？
オタ神？
ぷすぷすぷす

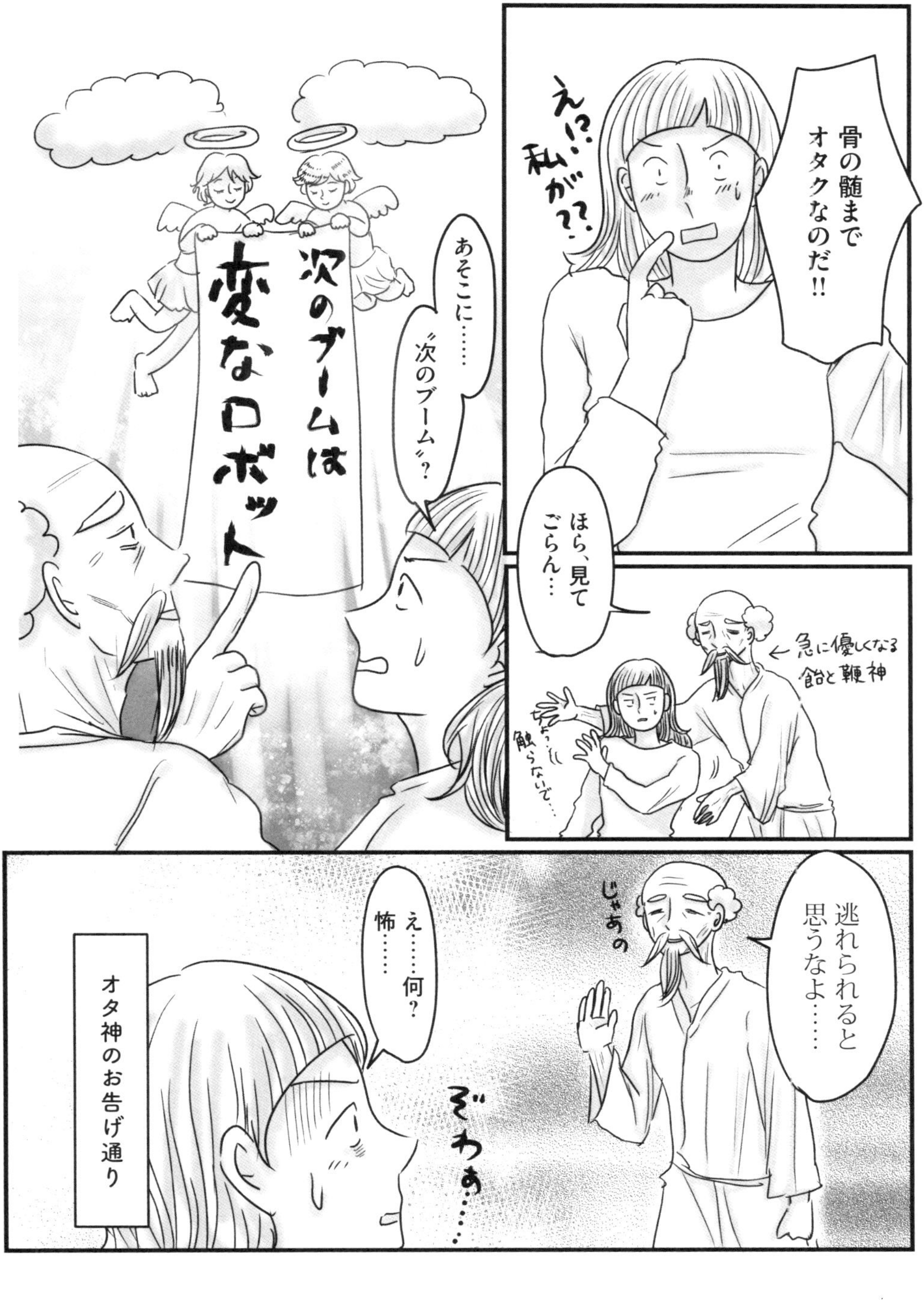
骨の髄まで
オタクなのだ!!
え!?
私が??
あそこに……
〝次のブーム〟?
次のブームは
変なロボット
ほら、見て
ごらん…
急に優しくなる
飴と鞭神
触らないで……
逃れられると
思うなよ……
じゃあの
え……何?
怖……
ぞわぁ……
オタ神のお告げ通り

私はロボットが描けないので
このイラストは正確ではありません
ちょうど原稿を描き終えたあと
よく喋る
劇中挿入歌は自分で歌う
ポエムも朗読する
なぜかくちびるはプルプル
凄く元気
(少しうるさい)
私はなかなかに奇想天外なロボットアニメにハマった
見始めた理由は"みんなが見てたから"
ロボアニメは一通り見る
声優さんが好きなので
話題なので
ロボットアニメ初心者には難易度の高いストーリー展開
いや僕でも難しいよ このアニメ
気が付いたら

どハマりしていた
ぎゅっ…
公式に命を握られている…
↑優しく、時にキツく握ってくる公式の手
久しぶりのリアタイ生活
オリジナルアニメだから全く先が読めない！
久しぶりのオタ活遠征
トークショー
コラボカフェ
POPUP SHOP
東京……楽しい……
そして
アニメが
終わ…終わ…
—fin—
終わってしまった…
次回予告がない!!!
久しぶりの喪失感を味わった

そうだ…
これが…これがオタク…
毎週ソワソワしてワクワクしてハラハラして
推しキャラを想って胸が張り裂けそうになったり
そうだよこのヒリヒリ感…
ゆるりまい
…オタクってすごい…
私は今生きている…!
まだまだオタ活街道驀進《ばくしん》中
皆様どうぞお元気で

# おわりに

……いかがでしたでしょうか。

夫が今回の本のゲラを通して読んで、
「あぁ、まいちゃんってやっぱりおかしいな〜って思ったよ」
とめちゃくちゃ爽やかな笑顔で感想を述べてきました。
おかしい……おかしい……？　ヤバい奴ってこと？　面白い奴ってこと？　……後者であると信じています。

担当編集の三宅さんからこの本のお話をいただいた時、正直に言うと、
「大丈夫かな？」
と思いました。
会議で無事企画が通ったと連絡が来た時も、
「本当に大丈夫かな？」
と思いました。

だって、こんな、ねぇ？

でもね、私は今回の本を描いてててめちゃくちゃめちゃくちゃめちゃくちゃ楽しかったんです。もっともっと描けるエピソードはあるけれど、ページが足りなくて死ぬほど削りました。

今もまだネタは増えていく一方です。オタクって楽しいです。沼と推しとグッズは減ることなく増えることを知り、日々〈生きるって楽しい〉と思うことばかり。たまに息切れすることもあるけれど、趣味っていいなと思ってます。

私がここまで立派な（？）オタクになれたのも、家族や友達が支えてくれたからです。

一緒にオタ活してくれたり、私の萌え語りを永遠に聞いてくれたり、推しの生誕と自分の誕生日を祝う奇祭に参加してくれたり。そしてこうやって色々と描かせてくれたり。感謝してもしきれません。

私のオタ活に興味を持って、行き詰まって描けなくなった時も根気強く待ってくれた編集の三宅さん、いつもいつもありがとうございます。

そして何より、この本を手に取って、最後まで読んでくださったそこのあなた様…本当にありがとうございます。どこか一箇所でも「こいつ馬鹿だな～」と笑ってもらえたら私は嬉しい。

またどこかでお会いしましょう。私はきっと世界の片隅でオタ活していると思います。

どこかのイベント会場ですれ違う日を夢見て。

ゆるりまい

《著者プロフィール》
1985年生まれ。仙台市在住。漫画家、イラストレーター。
汚部屋で生まれ育った反動で、ものを捨てることが三度の飯より好きな捨て変態に。累計20万部を突破し、ドラマ化もされた「わたしのウチには、なんにもない。」シリーズ（KADOKAWA）、『「ねぇ、これ捨ててみない？」 ふたり暮らしの片付け&掃除物語』『ゆるりまいにち猫日和』（ともに小社）など著書多数。


ブックデザイン　石松あや（しまりすデザインセンター）

本書は2024年3月にU-NEXTで電子書籍として先行配信された作品に、
加筆・修正したものです。


# オタ活1年生

2025年4月15日　第1刷発行

著　者　ゆるりまい
発行人　見城 徹
編集人　菊地朱雅子
編集者　三宅花奈
発行所　株式会社 幻冬舎
〒151-0051　東京都渋谷区千駄ヶ谷4-9-7
電話　03-5411-6211（編集）
03-5411-6222（営業）
公式HP　https://www.gentosha.co.jp/
印刷・製本所　中央精版印刷株式会社




ISBN978-4-344-04424-1 C0095


この本に関するご意見・ご感想は、
下記アンケートフォームからお寄せください。
https://www.gentosha.co.jp/e/

OTA-KATSU Ichinensei
OTA TOMO
OTA TOMO
OTA TOMO
OTA TOMO
OTA TOMO
OTA TOMO